História social e econômica moderna

2ª edição

História social e econômica moderna
Ricardo Selke e Natália Bellos

Rua Clara Vendramin, 58 . Mossunguê . CEP 81200-170 . Curitiba . PR . Brasil
Fone: (41) 2106-4170 . www.intersaberes.com . editora@intersaberes.com

Conselho editorial
  Dr. Alexandre Coutinho Pagliarini
  Dr.ª Elena Godoy
  Dr. Neri dos Santos
  M.ª Maria Lúcia Prado Sabatella
Editora-chefe
  Lindsay Azambuja
Gerente editorial
  Ariadne Nunes Wenger
Assistente editorial
  Daniela Viroli Pereira Pinto
Edição de texto
  Monique Francis Fagundes Gonçalves

Capa
  Luana Machado Amaro (*design*)
  Charles L. da Silva (adaptação)
  Aleks Melnik; AVA Bitter; bioraven; Canicula; Hal_P; Lukasz Szwaj/ Shutterstock (imagem)
Projeto gráfico
  Bruno de Oliveira
Diagramação
  Kátia Priscila Irokawa
Iconografia
  Regina Claudia Cruz Prestes

Dados Internacionais de Catalogação na Publicação (CIP)
(Câmara Brasileira do Livro, SP, Brasil)

Selke, Ricardo
  História social e econômica moderna / Ricardo Selke, Natália Bellos. -- 2. ed. -- Curitiba, PR : Editora InterSaberes, 2023.

  Bibliografia.
  ISBN 978-85-227-0714-0

  1. História econômica 2. História moderna 3. História social I. Bellos, Natália. II. Título.

23-160363   CDD-909.8207

Índices para catálogo sistemático:
1. História moderna : Estudo e ensino   909.8207

Eliane de Freitas Leite – Bibliotecária – CRB 8/8415

1ª edição, 2017.
2ª edição, 2023.
Foi feito o depósito legal.
Informamos que é de inteira responsabilidade dos autores a emissão de conceitos.
Nenhuma parte desta publicação poderá ser reproduzida por qualquer meio ou forma sem a prévia autorização da Editora InterSaberes.
A violação dos direitos autorais é crime estabelecido na Lei n. 9.610/1998 e punido pelo art. 184 do Código Penal.

Sumário

9 *Apresentação*
13 *Organização didático-pedagógica*

Capítulo 1
17 A transição

(1.1)
19 O conceito de *feudalismo*

(1.2)
29 Do sistema feudal ao capitalismo

(1.3)
42 A consolidação do capitalismo na Europa e as críticas a esse sistema

(1.4)
48 As consequências do capitalismo

Capítulo 2
57 As grandes navegações

(2.1)
60 As grandes navegações e o comércio

(2.2)
69 Os nativos americanos aos olhos europeus

(2.3)
79 A Europa e a África

(2.4)
88 A Europa e a Ásia

Capítulo 3
99 **O Estado absolutista**

(3.1)
101 O absolutismo

(3.2)
108 A corte e a sociedade do Antigo Regime

(3.3)
115 Nicolau Maquiavel: *O Príncipe*

(3.4)
124 Thomas Hobbes: a liberdade, a igualdade e o poder

Capítulo 4
133 **O Renascimento e a Reforma Religiosa**

(4.1)
135 O Renascimento

(4.2)
146 A Reforma de Lutero

(4.3)
154 A ética protestante

(4.4)
160 A Contrarreforma

Capítulo 5
175 **Revolução Inglesa e liberalismo**

(5.1)
177 A Revolução Inglesa

(5.2)
190 As consequências da Revolução Inglesa

(5.3)
195 Liberalismo

(5.4)
196 John Locke e a legitimação do liberalismo

(5.5)
203 Adam Smith e a mão invisível

Capítulo 6
217 **A modernidade**

(6.1)
219 O conceito de *modernidade*

(6.2)
227 A ideologia secular: racionalismo e a crítica dos dogmas

(6.3)
231 A Revolução Francesa

(6.4)
239 Brasil, entre o atraso e o avanço

253 *Considerações finais*
255 *Referências*
263 *Bibliografia comentada*
265 *Respostas*
271 *Sobre os autores*

Apresentação

Nesta obra, analisamos o surgimento do mundo moderno e seus ideais, com ênfase na história da Europa e, quando pertinente, sua relação com outros continentes, como África, América e Ásia. Você, leitor, poderá observar que, em todos os capítulos, buscamos uma ampla variedade de fontes e de bibliografia, com o propósito de examinarmos os conceitos de historiadores, filósofos, sociólogos e literatos que contribuíram para a interpretação desse período.

O livro está organizado em seis capítulos. No Capítulo 1, tratamos da longa passagem do feudalismo para o capitalismo, apontando as mudanças que ocorreram entre o fim da Idade Média e o início da Idade Moderna e propiciaram a acumulação de capital pelos Estados modernos recém-formados. Avançamos um pouco no tempo ao comentar também algumas características do sistema capitalista em sua fase consolidada, ou seja, a fase industrial, e algumas de suas consequências para a sociedade ocidental. Nesse capítulo, sob o ponto de vista da economia, abarcamos acontecimentos do período que se estende da Idade Moderna até a Idade Contemporânea.

No Capítulo 2, abordamos as grandes navegações e o desenvolvimento do comércio mercantil. Além disso, apresentamos um importante debate sobre os nativos ameríndios e a relação estabelecida entre eles e os europeus, pautada pela completa ignorância e pelo desrespeito dos europeus diante do modo de vida, crenças e costumes indígenas. Ainda, analisamos as relações entre Europa e África – com destaque para a escravidão (que já existia entre os africanos, mas que sofreu grande alteração com a introdução dos europeus nesse sistema) – e entre Europa e Ásia.

No Capítulo 3, examinamos a política vigente durante a Idade Moderna em muitos Estados europeus: o absolutismo. Descrevemos as características desse sistema e os traços que marcaram a sociedade do Antigo Regime, que apresentava permanências em relação ao sistema feudal. Também expomos as ideias de dois importantes autores do período: Nicolau Maquiavel e Thomas Hobbes.

No Capítulo 4, versamos sobre as mudanças culturais e de pensamento que marcaram o período ora delimitado. Começamos a abordagem com o Renascimento, um movimento amplo que questiona a relação dos indivíduos com Deus e com o mundo ao redor. Tal questionamento se intensifica com a Reforma Religiosa, em que surgem grupos protestantes em diversos Estados e principados europeus. Apresentamos, então, as ideias dos reformistas e suas queixas relativas à Igreja, bem como à resposta desta à Reforma, a chamada *Contrarreforma*.

Ao tratarmos da Revolução Inglesa, aprofundamos, no Capítulo 5, algumas questões abordadas no início deste livro. Sendo um episódio de grande importância na história moderna, a Revolução Inglesa impôs a limitação ao poder real e a consolidação das ideias liberais na política da Inglaterra, ao mesmo tempo que abriu caminho para o avanço capitalista, que culminou com a Revolução Industrial. Discorremos também sobre as ideias dos autores que ajudaram a fundamentar a vertente liberal, seja na política, seja na economia: John Locke e Adam Smith.

No Capítulo 6, refletimos sobre o conceito de *modernidade*, apresentando os elementos que permitiram seu surgimento e que compõem algumas características desse período. Também, analisamos a importância do francês René Descartes como primeiro filósofo moderno, que defendia a dúvida como primeiro passo para alcançar o conhecimento. Por fim, do ponto de vista político, estimamos o impacto da Revolução Francesa para a formação dos ideais modernos e sua influência no Brasil.

Organização didático-pedagógica

Este livro traz alguns recursos que visam enriquecer o seu aprendizado, facilitar a compreensão dos conteúdos e tornar a leitura mais dinâmica. São ferramentas projetadas de acordo com a natureza dos temas que vamos examinar. Veja a seguir como esses recursos se encontram distribuídos no decorrer desta obra.

Introdução do capítulo

Logo na abertura do capítulo, você é informado a respeito dos conteúdos que nele serão abordados, bem como dos objetivos que os autores pretendem alcançar.

Síntese

Você conta, nesta seção, com um recurso que o instigará a fazer uma reflexão sobre os conteúdos estudados, de modo a contribuir para que as conclusões a que você chegou sejam reafirmadas ou redefinidas.

Indicações culturais

Nesta seção, os autores oferecem algumas indicações de livros, filmes ou *sites* que podem ajudá-lo a refletir sobre os conteúdos estudados e permitir o aprofundamento em seu processo de aprendizagem.

Atividades de autoavaliação

Com estas questões objetivas, você tem a oportunidade de verificar o grau de assimilação dos conceitos examinados, motivando-se a progredir em seus estudos e a se preparar para outras atividades avaliativas.

Atividades de aprendizagem

Aqui você dispõe de questões cujo objetivo é levá-lo a analisar criticamente determinado assunto e aproximar conhecimentos teóricos e práticos.

Capítulo 1
A transição

Neste livro, tratamos de alguns dos fatos mais importantes e emblemáticos da Idade Moderna, com ênfase na história europeia. Para compreender esse período de mudanças, transformações e encontro com o novo, iniciamos nossa análise pelo feudalismo e pela passagem da Idade Média para a Idade Moderna. Esse momento de transição é fundamental para a sociedade que se desenhou nos anos seguintes. Portanto, agora, apresentaremos uma concepção do que foi o feudalismo, o que permitirá investigar o surgimento do capitalismo na Europa, avançando até a consolidação desse sistema e suas consequências para as sociedades que o adotaram.

(1.1)
O CONCEITO DE *FEUDALISMO*

O *feudalismo* é um dos temas de maior debate, pesquisa e interesse entre historiadores. Produziram ou participaram de obras sobre o assunto historiadores importantes, como Jacques Le Goff, Maurice Dobb, Eric Hobsbawm e Hilário Franco Júnior, para citarmos alguns. Justamente por isso, o termo apresenta diferentes conceituações. De maneira geral, podemos entender o feudalismo como o sistema político, econômico e social que vigorou por certo período na Idade Média europeia[1] – ainda que possamos falar em *feudalismos*, apontando sua ocorrência em diferentes locais do mundo, inclusive no Japão. O modelo feudal clássico é o francês, embora tenha existido em outras regiões da Europa com certas particularidades.

---

1 Para recordarmos, a Idade Média é balizada entre os anos de 476, ano da queda do Império Romano do Ocidente, motivada pelas invasões bárbaras, até 1453, quando Constantinopla sucumbiu ao avanço dos turcos otomanos. O feudalismo foi um fenômeno que ocorreu durante parte da Idade Média europeia.

Ainda que pertencente à Idade Média, o feudalismo em si se desenvolveu em um período medieval específico. De acordo com Parain (2010), até o século X ele está em formação, pois há vestígios de uma autoridade de Estado. Entre os anos 1000 e 1150, o autor localiza o feudalismo em ascensão, "onde a força, desta vez, não reside mais nos vestígios de uma função pública, mas somente na extensão das terras e no número de vassalos que o reconhecem [o senhor] como suserano" (Parain, 2010, p. 26-27), finalmente atingindo seu auge entre o século XII e final do século XIII. Já o historiador francês Jacques Le Goff, em sua obra *As raízes medievais da Europa* (2007), situa a Europa feudal entre os séculos XI e XII, e o historiador brasileiro Hilário Franco Júnior (1986) a situa entre os séculos XI e XIII.

O que permite, então, inserir, o período feudal na Idade Média? Franco Júnior (1986, p. 9) sintetiza: "sete de seus aspectos mais importantes: a ruralização da sociedade, o enrijecimento da hierarquia social, a fragmentação do poder central, o desenvolvimento das relações de dependência pessoal, a privatização da defesa, a clericalização da sociedade, as transformações na mentalidade".

1.1.1 A ESTRATIFICAÇÃO E AS RELAÇÕES SOCIAIS

No *Dicionário da Idade Média*, Brown (1997) afirma que mais importante do que o feudo são as relações e a hierarquização sociais que caracterizam o feudalismo. De fato, o momento que ora analisamos é marcado por uma "sociedade de ordens", como define Franco Júnior (2001), em que o imobilismo social é a grande característica. *Grosso modo*, podemos identificar três grandes ordens sociais:

1. **trabalhadores** ou camponeses, muitas vezes servos;
2. **nobres**, entre os quais os cavaleiros; e
3. **religiosos**, estes com grande poder no medievo.

A Figura 1.1 retrata, respectivamente (da esquerda para a direita), os *oratores* (clero), os *bellatores* (guerreiros e nobres) e os *laboratores* (trabalhadores).

Figura 1.1 – As três ordens feudais

Nesse contexto de imobilidade social, a Igreja cumpre papel primordial ao justificar essa estrutura, prevenindo (ou tentando prevenir) qualquer ação contrária a essa ordem:

> como produtora de ideologia, [a Igreja] traçava a imagem que a sociedade deveria ter de si mesma. Para tanto, várias foram as elaborações, a mais famosa delas a do bispo Adalberon de Laon, realizada provavelmente entre 1025 e 1027. Servindo-se de um material antigo (textos bíblicos, autoridades eclesiásticas, cronistas etc.), ele chegou à seguinte formulação: "O domínio da fé é uno, mas há um triplo estatuto na Ordem. A lei humana impõe duas condições: o nobre e o servo não estão submetidos ao mesmo regime. Os guerreiros são protetores das igrejas. Eles defendem os poderosos

e os fracos, protegem todo mundo, inclusive a si próprios. Os servos, por sua vez, têm outra condição. Esta raça de infelizes não tem nada sem sofrimento. Fornecer a todos alimentos e vestimenta: eis a função do servo. A casa de Deus, que parece una, é portanto tripla: uns rezam, outros combatem e outros trabalham. Todos os três formam um conjunto e não se separam: a obra de uns permite o trabalho dos outros dois e cada qual por sua vez presta seu apoio aos outros". (Franco Júnior, 2001, p. 89)

O máximo de um segmento médio (ou intermediário) na sociedade medieval eram os artesãos e mais tarde, na Baixa Idade Média, os burgueses. Os **artesãos** deviam sua existência às guildas – associações que protegiam e regulamentavam as atividades comerciais de um segmento. A **burguesia** já despontava como uma classe de negociantes, mas sem representação política e ainda extremamente dependente de monopólios estatais. Se um burguês podia produzir ou comercializar algo, precisava, sem dúvida, da benção do rei. Do ponto de vista de produção (ou apropriação) de riqueza, a aristocracia era, de longe, a classe mais rica e organizada da sociedade medieval. Franco Júnior (1986) pontua tais relações de dependência como resultado da ruralização a qual a Europa Ocidental testemunhou no medievo.

Entretanto, ainda que a estrutura e as relações sociais se mantivessem, é preciso pontuar que essa sociedade também realizava seus festejos e encontrava, assim, momentos em que as distâncias e as obrigações sociais eram amortizadas. Mikhail Bakhtin, por exemplo, estuda o riso e o cômico na Idade Média e na Renascença por meio da análise da obra do escritor francês François Rabelais. Em seu livro, *A cultura popular na Idade Média e no Renascimento*, Bakhtin (1987) destaca a importância das festas carnavalescas, celebrações agrícolas e das figuras de bufões e palhaços diversos para a formação de uma **dualidade de mundo**, em que o oficial e o imutável conviviam, por instantes, com uma realidade mais igualitária e libertadora, em que as pessoas não só riam, comemoravam e compartilhavam momentos, mas também extravasavam a realidade por elas conhecida.

Sob o regime feudal existente na Idade Média, esse caráter de festa, isto é, a relação da festa com os fins superiores da existência humana, a ressurreição e a renovação, só podia alcançar sua plenitude e sua pureza, sem distorções, no carnaval e em outras festas populares e públicas. Nessa circunstância a festa convertia-se na forma de que se revestia a segunda vida do povo, o qual penetrava temporariamente no reino utópico da universalidade, liberdade, igualdade e abundância.

Por outro lado, as festas oficiais da Idade Média – tanto as da Igreja como as do Estado feudal – não arrancavam o povo à ordem existente, não criavam essa segunda vida. [...] A festa oficial, às vezes mesmo contra as suas intenções, tendia a consagrar a estabilidade, a imutabilidade e a perenidade das regras que regiam o mundo: hierarquias, valores, normas e tabus religiosos, políticos e morais correntes. (Bakhtin, 1987, p. 8)

A existência desses momentos é de suma importância para que possamos lançar um olhar mais complexo e real sobre a vivência feudal e medieval, pois neles os indivíduos podiam extrapolar as barreiras de condição social, econômica e familiar que travavam as relações. Nessas festividades, como afirma Bakhtin (1987, p. 9), "O homem tornava a si mesmo e sentia-se um ser humano entre seus semelhantes".

1.1.2 A PROPRIEDADE FEUDAL E A ECONOMIA DO PERÍODO

O feudalismo pode ser relacionado a uma economia essencialmente agrária. Isso não quer dizer que não havia comércio, moedas e sistemas de troca, mas eles existiam em quantidade muito menor. Predominava a grande propriedade latifundiária autossuficiente, sob controle de um senhor feudal.

Muitas vezes, chamamos de *feudo* a terra de um senhor. Entretanto, como explica Franco Júnior (2001), o termo correto seria *senhorio*. Era o senhorio – a propriedade – que dava a seu proprietário poderes "econômicos (senhorio fundiário) ou jurídico-fiscais (senhorio banal), muitas vezes ambos ao mesmo tempo. O feudo era uma cessão de direitos, geralmente mas não necessariamente sobre um senhorio" (Franco Júnior, 2001, p. 37).

> O feudalismo pode ser relacionado a uma economia essencialmente agrária. Isso não quer dizer que não havia comércio, moedas e sistemas de troca, mas eles existiam em quantidade muito menor. Predominava a grande propriedade latifundiária autossuficiente, sob controle de um senhor feudal.

Essa propriedade era composta por uma área específica para o senhor, que incluía o castelo – residência fortificada necessária em um período de instabilidades e poder fragmentado – e o manso senhorial, área exclusiva do senhor, mas na qual os camponeses trabalhavam alguns dias na semana. Aos servos era destinado o manso servil, conjunto de terras cuja produção era do servo e de sua família. Os camponeses pagavam diversas taxas para uso dessas terras e dos instrumentos para seu cultivo. Havia ainda uma área comum, em que era possível a criação de animais.

Como podemos observar na Figura 1.2, a propriedade feudal voltava-se para a própria subsistência de seus ocupantes, o que diminuía a necessidade de trocas e comércio.

Figura 1.2 – Propriedade feudal

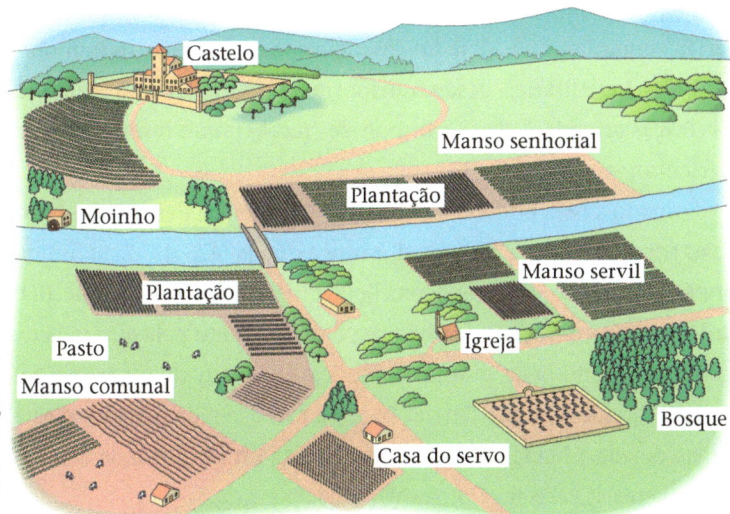

É preciso destacar também que entre os camponeses havia uma **relação de servidão** perante o senhor. Mas o que isso significa exatamente? Significa que esses camponeses atuavam para o senhor, mas este não podia vendê-los, como ocorria com os escravos, por exemplo. Os servos estavam atrelados à terra em que trabalhavam por obrigações jurídicas.

Para compreender a relação social existente entre os camponeses e seus senhores durante a Idade Média, devemos relembrar o período final do Império Romano e a adoção do **sistema de colonato**. As seguidas reformas econômicas dos últimos imperadores romanos, como Diocleciano (244-311), forçaram, por lei, os trabalhadores rurais a permanecerem na terra de um senhor, impedindo não apenas a sua locomoção, mas também a de seus filhos e futuros descendentes. Nesse período, a profissão se transformou em hereditária, estabelecida pelo direito. Como observa o historiador norte-americano Thomas Martin (2014, p. 236), "Ao longo do tempo, várias ocupações consideradas essenciais também se tornaram obrigatórias e hereditárias, desde transportar grãos e assar pães até servir nas forças armadas". Esses camponeses receberam o nome de *coloni* (agricultores, em latim).

Somado a isso, podemos observar a decadência das cidades europeias sob a influência romana durante a queda (476 d.C.) e o fim do Império Romano. O campo recebeu milhares de pessoas que não tinham mais condições de viver nas cidades (tanto pela ausência de trabalho quanto pelas guerras e doenças) e buscavam na área rural a possibilidade de subsistência. Por essa razão, a vida no campo está tão associada à Idade Média – a despeito da importância de cidades como Veneza, Paris ou Constantinopla.

A relação ora em foco era obviamente assimétrica, ou seja, aos camponeses não era dado praticamente nenhum direito (salvo à terra), mas seus senhores podiam viver sem seguir nenhuma forma de Constituição ou acordo coletivo. Cabia aos servos o trabalho no campo ou no moinho, e aos nobres, a guerra ou a proteção das terras. A obrigação de trabalhar nos moinhos ganhou o nome de **banalidades**. Além dessa forma de exploração, podemos citar a **corveia** – trabalho gratuito nas terras dos senhores. Vale lembrar que os nobres deviam acolher os camponeses, bem como garantir sua proteção e o acesso deles à terra.

Os nobres também tinham várias obrigações uns com os outros, em que se mantinha uma hierarquia de vassalos e senhores.

O relacionamento era criado por uma desenvolvida e elevada forma de encomendação germânica antiga, pela qual um homem livre se submetia a um outro por um ato de homenagem (as mãos juntas colocadas entre as

> *do senhor), confirmado por um juramento sagrado de fidelidade e vassalagem e usualmente acompanhado pela outorga de um feudo. A cerimônia e o vínculo eram solenes, pois eram os laços de sociedade em seus níveis superiores e politicamente conscientes.* (Brown, 1997, p. 146)

É importante ressaltarmos, porém, que não havia apenas servidão entre os trabalhadores feudais: existiam também trabalhadores livres, ainda que em número muito reduzido.

1.1.3 A FRAGMENTAÇÃO POLÍTICA

Com a ruralização, o isolamento dos indivíduos e as dificuldades de comunicação no início do medievo, aqueles que detinham o poder, aos poucos, perderam a capacidade de atuar sobre seus territórios (Franco Júnior, 1986). As invasões dos povos germanos foram mais um fator a solapar a unidade política europeia ainda no século V, pois

> *a decadência da economia comercial e monetária [...] levava os reis bárbaros a remunerarem seus colaboradores com a única verdadeira riqueza da época, terras. Contudo, desta forma os reis iam pouco a pouco se empobrecendo e se enfraquecendo. [...] os reis merovíngios remuneravam seus servidores entregando a cada um deles uma extensão de terra a título de* beneficium: *Ou seja, concedia-se o usufruto (e não a plena propriedade) de um bem imóvel em troca de determinados serviços prestados. Tal concessão era feita vitaliciamente, mas como quase sempre era renovada em favor do herdeiro do concessionário falecido, com o tempo tendia a se tornar hereditária. Desta forma, o concessor perdia aos poucos o controle sobre os benefícios cedidos e portanto sobre os próprios servidores assim remunerados.* (Franco Júnior, 1986, p. 15-16)

Com o repasse da terra a novos senhores, estes aos poucos assumiram atribuições que até então eram do Estado, minando ainda mais o poder dos reis. Após o Império Carolíngio (800-924), que contou com o reinado de Carlos Magno, a Europa ocidental viu o poder do grande rei se esfacelar de fato e dar lugar aos nobres que, mediante a hereditariedade, sustentaram sua posição social. Com isso, esse grupo passou a atuar como força local, colocando sob seus cuidados um grupo de trabalhadores e de cavaleiros, que formaram uma elite combatente.

1.1.4 O papel da Igreja Católica

Como afirmamos, a Igreja desempenha papel primordial durante a Idade Média, não só por controlar a religiosidade do período, mas por atuar também sobre a mentalidade das pessoas, pois, "monopolizando a comunicação com Deus, o clero tornava-se o responsável por todos os homens. Sem ele [o clero] não haveria Salvação" (Franco Júnior, 1986, p. 22). É preciso lembrarmos que o feudalismo, justamente por suas características, compunha também um mundo de incertezas, instabilidades e fragilidades, diante das quais a Igreja era, muitas vezes, a única instituição que se mantinha e que transmitia força e solidez. Era, então, a ela que muitos voltaram-se. Dessa forma, ela se afirmou como a principal mediadora de conflitos, porém, era também sua principal fomentadora, como no caso das Cruzadas e da Inquisição.

Assim, o grupo eclesiástico configurou-se como superior aos demais, com privilégios e grande poder político e econômico.

> Os bispos eram os delegados de Cristo, os sucessores dos apóstolos e os substitutos místicos do alto sacerdote da lei mosaica. [...] Os bispos reconheciam a suprema autoridade de que estava investida a assembleia de seus irmãos; todavia, na administração de sua diocese particular, cada um deles exigia de seu **rebanho** a mesma implícita obediência devida no caso de essa metáfora favorita ser literalmente justa e de o pastor possuir natureza mais elevada que a de suas ovelhas. (Gibbon, 2012, p. 56, grifo do original)

Não podemos nos esquecer de mais um detalhe importante: a Igreja era a grande detentora de terras naquele momento. A instituição também controlava boa parte do saber do período, tendo sob seu poder não só as escrituras e sua interpretação, mas também a reprodução de diversas obras da Antiguidade, que ficava a cargo dos monges copistas.

Além disso, a religião em muito pautou a relação dos indivíduos com o mundo e consigo mesmos. Para as pessoas, a explicação dos fenômenos passava pela relação com Deus, e Ele era a Verdade em si.

(1.2)
Do sistema feudal ao capitalismo

A passagem do sistema feudal para o sistema capitalista não ocorreu repentinamente. Ao contrário, foi um processo longo, que se iniciou com o próprio esfacelamento de alguns pilares feudais, que foram perdendo força diante de mudanças no poder dos senhores feudais e na estrutura autossuficiente que prevalecia naquele momento. A seguir, esmiuçaremos como ocorreu o chamado *declínio do feudalismo* durante a Baixa Idade Média e o contexto que permitiu o surgimento do capitalismo em sua primeira fase.

1.2.1 O DECLÍNIO DO MUNDO FEUDAL

Primeiramente, precisamos esclarecer: usamos aqui o termo *declínio* porque, atentando às diferentes sociedades europeias, percebemos que aspectos da organização feudal ainda vigoravam mesmo muitos séculos depois de seu fim. De fato, a Inglaterra ainda era essencialmente agrária e feudal no início do século XVII, ao passo que a França mantinha o privilégio dos impostos em relação ao Primeiro e ao Segundo Estados até o século XVIII, uma clara herança do feudalismo.

De qualquer modo, o sistema feudal passou a sofrer mudanças com uma série de eventos que modificaram sua estrutura fechada e autossuficiente. Vale recordarmos que no final do século XI teve início um evento de grandes proporções na Europa medieval: as **Cruzadas**. Essas expedições militares de caráter religioso reuniram uma profusão de indivíduos – nobres e camponeses – para atuar pela defesa da Terra Santa, que caíra nas mãos dos islâmicos. As Cruzadas encerraram-se apenas no século XIII, mas causaram profundas mudanças na Europa Ocidental, especialmente com o incentivo ao comércio e com as trocas culturais promovidas entre Ocidente e Oriente. Lembremos sempre: o comércio nunca deixou de existir durante o medievo, mas ganhou intensidade com o movimento cruzadístico.

> *Não houve um "renascimento cultural", mas uma intensificação de tal proporção que repercutiu em todos os setores da sociedade, alterando-a profundamente: desenvolvimento das cidades, surgimento da burguesia, despertar do individualismo e do racionalismo, aparecimento das universidades, novas concepções religiosas e artísticas, fortalecimento do poder monárquico. Portanto, as Cruzadas não foram as responsáveis pelas grandes transformações econômicas, mas produto delas. Contudo, elas não deixaram de contribuir significativamente para o avanço daquelas transformações.* (Franco Júnior, 1984, p. 76-77)

Como apontado pelo autor, com o revigoramento do comércio, desenvolveu-se um grupo social: o dos **burgueses**. O termo deriva do vocábulo *burgos* (Figura 1.3) – pequenas vilas fortificadas em que habitavam profissionais livres e comerciantes. Esses locais ganharam importância e cresceram com o desenvolvimento comercial, até constituírem cidades. Além disso, ganhou força novamente o uso de moedas nas trocas comerciais. Banqueiros e mercadores enriqueceram, e os senhores feudais dependiam do apoio econômico desses indivíduos em razão do endividamento decorrente das Cruzadas (bancadas pelos nobres que delas participaram).

Figura 1.3 – Burgo italiano de Monteriggioni, construído no século XIII

Além disso, há também o surgimento das **universidades europeias**[2], sendo a primeira delas criada no século XI, em Bolonha (atual Itália). O conhecimento passou, então, a ser mais difundido e começou, aos poucos, a sair da esfera de domínio da religião, ainda que as primeiras instituições dessa natureza criadas na Europa estivessem sob cuidado e controle da Igreja Católica.

Esse quadro de desenvolvimento, que também contou com **inovações tecnológicas** na agricultura – com instrumentos e técnicas de plantio e com a invenção de novos aparelhos –, sofreu um revés no século XIV, com a crise que se instalava no Velho Continente. Como nenhum outro, o século XIV criou um cenário desolador aos europeus: mudanças climáticas afetaram a agricultura, gerando péssimas colheitas no período e levando à fome generalizada, que afetou especialmente os camponeses e as pessoas menos afortunadas. Não à toa, esse foi um momento histórico marcado por revoltas camponesas, como a Jacquerie na França (1358) e os episódios na Inglaterra (1381), que colocaram os trabalhadores do campo contra seus senhores em virtude da carga de trabalho, das taxas impostas e das péssimas condições de vida a que estavam sujeitos.

Considerando esse panorama, você provavelmente está pensando que o século XIV foi bastante ruim para os europeus. Mas a situação ficaria pior: em 1348, a **Peste Negra** irrompeu na Europa. Transmitida por pulgas, já havia atingido o continente europeu em outros momentos, mas no século XIV a peste apareceu de forma recorrente, dizimando aproximadamente um terço da população da época. A pintura apresentada a seguir (Figura 1.4) representa a forte presença da morte no cotidiano dos cidadãos europeus.

---

2   Essas instituições já existiam no continente africano – a Universidade de Al-Karaouine, no Marrocos, foi criada no ano de 859, e a Universidade Al-Azhar, egípcia, em 972.

Figura 1.4 – *O triunfo da morte,* de Peter Bruegel, o velho

BRUEGEL, P. (o velho). **O triunfo da morte**. 1562-1563. Óleo sobre tela: color.; 117 × 162 cm. Museu do Prado, Madri, Espanha.

Finalmente, além das guerras camponesas, um grande conflito ocorreu entre ingleses e franceses: a **Guerra dos Cem Anos** (1337-1453), que teve seu início com a disputa pelo trono da França.

1.2.2 A PASSAGEM

Antes de abordarmos a passagem do feudalismo para o capitalismo, convém conceituarmos *capitalismo*, apontando suas particularidades. Rusconi (1998, p. 141), no *Dicionário de Política*, apresenta a seguinte definição:

podemos elencar algumas características que distinguem o Capitalismo dos outros modos históricos de produção. Eles são: a) propriedade privada dos meios de produção, para cuja ativação é necessária a presença do trabalho assalariado formalmente livre; b) sistema de mercado, baseado na iniciativa e na empresa privada, não necessariamente pessoal; c) processos de racionalização dos meios e métodos diretos e indiretos para a valorização do capital e a exploração das oportunidades de mercado para efeito de lucro.

O autor ainda completa sua explicação introduzindo a concepção de Karl Marx (1818-1883) sobre o assunto:

O Capitalismo consiste, portanto, num modo de produção baseado na extorsão da mais-valia através do mais-trabalho do trabalhador, que é "explorado" porque obrigado a vender "livremente" a sua força-trabalho a quem possui o dinheiro e os meios de produção (o proprietário).

[...]

Trata-se de uma pressão exercida, não sobre escravos, mas sobre homens juridicamente livres, sobre cidadãos. Sem as liberdades burguesas não existe Capitalismo moderno. (Rusconi, 1998, p. 142-143)

Como os homens passaram, então, de um modo de produção feudal, autossuficiente e baseado nos laços de servidão, para um modo de produção assalariado, pautado pela busca do lucro e da exploração da mão de obra empregada? É o que tentaremos elucidar a seguir.

É extensa a discussão sobre a transição entre feudalismo e capitalismo. Ainda que tenham ocorrido diversas mudanças a partir dos séculos XII e XIII e a crise dos séculos XIV e XV, é possível apontarmos um motivo ou evento que explique a mudança do modo de produção feudal para o capitalista? Não é possível abordarmos o assunto sem citarmos o debate, que deu a tônica ao tema nos anos 1950, entre os economistas Maurice Dobb (1900-1976) e Paul Sweezy (1910-2004).

Os dois autores divergem sobre os motivos que levaram ao declínio feudal e ao desenvolvimento capitalista. Sweezy acredita que o ressurgimento do comércio à longa distância (ou seja, uma força externa) foi o responsável pela mudança. Dobb, por sua vez, defende uma perspectiva que privilegia as contradições (internas e próprias) do feudalismo, de forma que "a necessidade crescente por maiores rendimentos por parte da nobreza resultou na intensificação da exploração sobre os servos até níveis insuportáveis, acentuando a luta de classes e determinando, no longo prazo, o colapso da economia feudal" (Mariutti, 2000, p. 6). O debate foi seguido por reflexões, críticas e contribuições de outros autores, de posição marxista ou não.

O historiador francês Pierre Vilar (1906-2003) afirma que "todo elemento contrário ao princípio do modo de produção feudal prepara sua destruição" (Vilar, 2010, p. 37). O autor destaca a importância de alguns elementos para a desagregação do feudalismo: a circulação de moedas, o número cada vez maior de homens livres, a crescente importância das cidades na Baixa Idade Média e o peso dos impostos dos Estados ao lado dos impostos feudais. Vilar (2010, p. 37), porém, faz um alerta:

> *não podemos falar de verdadeira passagem ao capitalismo senão quando regiões suficientemente extensas vivem sob um mesmo regime social completamente novo. A passagem somente é decisiva quando as revoluções políticas sancionam juridicamente as mudanças de estrutura, e quando novas classes dominam o Estado. Por isso a evolução dura vários séculos. Ao final, é acelerada pela ação consciente da burguesia.*

Como sintetiza Franco Júnior (2001, p. 17):

A Baixa Idade Média (século XIV-meados do século XVI) com suas crises e seus rearranjos, representou exatamente o parto daqueles novos tempos, a Modernidade. A crise do século XIV, orgânica, global, foi uma decorrência da vitalidade e da contínua expansão (demográfica, econômica, territorial) dos séculos XI-XIII, o que levara o sistema aos limites possíveis de seu funcionamento. Logo, a recuperação a partir de meados do século XV deu-se em novos moldes, estabeleceu novas estruturas, porém ainda assentadas sobre elementos medievais: o Renascimento (baseado no Renascimento do século XII), os Descobrimentos (continuadores das viagens dos normandos e dos italianos), o Protestantismo (sucessor vitorioso das heresias), o Absolutismo (consumação da centralização monárquica).

Nesse contexto, os elementos que, paulatinamente, levaram a essa transição foram, em primeiro lugar, a crise dos séculos XIV e XV, seguida pelo avanço das forças produtivas nos séculos XV e XVI. Nesse ponto, temos a criação de numerosas invenções (especialmente levando-se em conta o contexto das grandes navegações) e o início de um processo que, de acordo com Vilar (2010), pouco a pouco colocou a indústria em primeiro plano em detrimento da agricultura. Na sequência, ocorreu a acumulação primitiva de capital, em parte por meio do processo colonizador sobre as terras do Novo Mundo.

1.2.3 O SURGIMENTO DO CAPITALISMO MERCANTIL

O momento que se seguiu ao declínio feudal foi marcado por uma nova organização política. Por ora, consideremos que, diferentemente do que se viu no feudalismo, em que o poder central estava enfraquecido e prevaleciam os senhores feudais, os séculos XIV e XV testemunharam a organização dos **Estados modernos**, com o fortalecimento da figura do rei e a centralização de seu poder. Com o apoio financeiro da burguesia (mas ainda mantendo próximo de si a nobreza), o rei conseguiu consolidar-se no poder e estruturar um Estado unificado, contando com a delimitação de territórios, a formação de um exército ou corpo de defesa, a burocratização e a padronização de pesos e medidas. Foi Portugal o primeiro Estado formado na Europa Ocidental – após a Revolução de Avis, no século XIV. Justamente por isso, estabilizado internamente, foi capaz de lançar-se às navegações, despertando a atenção e a cobiça europeia relativa aos continentes americano, africano e asiático.

Com a formação dos Estados modernos, surge a figura do rei extremamente fortalecida: é o **absolutismo**, que não impera em todos os Estados modernos, mas tem papel preponderante na Europa por 300 anos, até o século XVIII. Compreender o absolutismo é fundamental para entender o surgimento do capitalismo em virtude de seu sistema econômico, o *mercantilismo*, termo sobre o qual comentam Kalina Silva e Henrique Silva (2010, p. 283):

> *A definição mais aceita de mercantilismo informa que esse termo compreende um conjunto de ideias e práticas econômicas dos Estados da Europa ocidental entre os séculos XV, XVI e XVIII voltadas para o comércio, principalmente, e baseadas no controle da economia pelo Estado. Mercantilismo dá nome, nesse sentido, às diferentes práticas e teorias econômicas do período do Absolutismo europeu. [...] o mercantilismo não existiu como um conjunto coeso de ideias e práticas econômicas, nem como grupo de pensadores da economia com uma filosofia comum. De fato, sob a definição de mercantilismo foram reunidos pelos críticos diferentes autores e diferentes políticas econômicas, com pouco em comum, a não ser o fato de pertencerem a países absolutistas.*

Com o mercantilismo, pela primeira vez, ocorre a formação de um mercado global, marcado pelo monopólio desse comércio por parte dos Estados absolutistas, que o controlavam e cediam monopólios de exploração a indivíduos ou grupos específicos. Se antes eram as cidades que se enriqueciam e fortaleciam (caso das cidades da Península Itálica e das dos Mares Báltico e do Norte), agora são os Estados, com a ampliação deste escopo comercial.

> Com o mercantilismo, pela primeira vez, ocorre a formação de um mercado global, marcado pelo monopólio desse comércio por parte dos Estados absolutistas, que o controlavam e cediam monopólios de exploração a indivíduos ou grupos específicos.

Com o advento do monopólio comercial, é possível constatar outra característica do mercantilismo, a saber, a **grande interferência do Estado na economia** – especialmente para favorecimento próprio nas compras e vendas de produtos com outros Estados e nos termos de exploração das colônias. Além disso, ainda como premissas do mercantilismo, podemos apontar a necessidade de manutenção da balança comercial em índices favoráveis, o incentivo às manufaturas, o protecionismo alfandegário e o metalismo[3].

Silva e Silva (2010, p. 283, grifo do original) ainda apontam a relação entre o mercantilismo e a permanência de elementos feudais ao afirmarem:

---

3   É preciso, porém, atenção ao uso desses termos, pois "O metalismo, por exemplo, é definido frequentemente como uma concepção que atrelava a riqueza de um Estado à quantidade de metais preciosos por ele acumulado. Mas o metalismo, que como prática econômica predominou sobretudo na França e na Espanha do século XVI, dificilmente queria dizer que riqueza era igual à moeda acumulada. As concepções metalistas de autores como Jean Bodin e Azpilcueta Navarro interpretavam a moeda como um meio para obter riqueza em terras e em títulos, não a riqueza financeira em si. Para a mentalidade capitalista, moeda e riqueza são sinônimos, mas não para a mentalidade barroca do Antigo Regime" (Silva; Silva, 2010, p. 284).

As teorias e práticas mercantilistas estão inseridas no contexto da transição do Feudalismo para o Capitalismo, possuindo ainda características marcantes das estruturas econômicas feudais e já diversos fatores que serão mais tarde identificados com características capitalistas, não sendo nenhum dos dois sistemas, no entanto.

O termo mercantilismo *define os aspectos econômicos desse processo de transição.*

Há, de fato, uma divergência entre os autores sobre a origem do capitalismo e sua relação com o feudalismo e a Idade Moderna. Alguns, como o sociólogo Max Weber (1864-1920), afirmam que o capitalismo já existia na Idade Moderna com o desenvolvimento do mercantilismo (capitalismo comercial). Para Weber (2004), o capitalismo é uma economia baseada na compra e venda de mercadorias, não importando a maneira como os bens são produzidos – na Idade Moderna, é preciso ressaltar, prevaleceu em algumas partes do mundo a mão de obra escravizada ou mesmo servil, em menor escala.

Outros, como Karl Marx, analisam o capitalismo com base no modo como a produção dos bens era organizada. Para Marx e Engels (1999), o sistema capitalista só vigora quando se constata a dissociação entre a propriedade dos meios de produção e os trabalhadores. Essa dissociação não ocorre no feudalismo nem mesmo durante a Idade Moderna, pois, ainda que existisse, o trabalho assalariado não era dominante. Ela só é possível a partir desse momento de transição, que corresponde ao período absolutista e mercantilista, quando os trabalhadores começavam a ser desprovidos de suas terras.

Vilar (2010, p. 38, grifo do original), por exemplo, alinhando-se à perspectiva marxista, alerta que

> *devemos evitar o termo "capitalismo" enquanto não se trate da sociedade moderna, onde a produção maciça de mercadorias repousa sobre a exploração do trabalho assalariado, daquele que nada possui, realizada pelos possuidores dos meios de produção. [...] a sociedade rural, surgida do feudalismo, viveu durante muito tempo fechada em si mesma, com um mínimo de trocas e de contratos em moeda. A comercialização do produto agrícola foi sempre muito parcial. Contudo, no capitalismo evoluído, **tudo é mercadoria**. Nesse sentido, como falar de "capitalismo" no século XV, ou mesmo no século XVIII francês?*

Para Villar (2010), de fato, a etapa final da transição esteve situada nos séculos XVI e XVII, que conta com: o processo de expropriação-proletarização dos camponeses (especialmente na Inglaterra, em um primeiro momento); a acumulação primitiva de capital por parte dos Estados modernos; a separação entre o produtor e o produto por ele elaborado, culminando, no século XVIII, com a **substituição da manufatura pela maquinofatura**; o fim do modo feudal e o estabelecimento do modo capitalista.

Sejam os fatores ora citados a "primeira fase" do capitalismo (fase de acumulação de capital, que ocorreu principalmente graças à relação das metrópoles europeias com as colônias do Novo Mundo), sejam um momento de transição, o fato é que houve uma grande **mudança econômica** na passagem da Idade Média para a Moderna – que continuou ocorrendo por todo esse período histórico e que propiciou, sim, o estabelecimento pleno do capitalismo nas sociedades europeias ocidentais.

Lembremos que o objetivo do trabalho realizado durante o período feudal era sanar necessidades imediatas, e não visava a mais-valia. Porém, com o reaquecimento do comércio, diversos artesãos iniciaram produção comercial própria, atendendo a localidades restritas, sob guildas ou corporações, contando com ajudantes. Nesse momento, a produção era pequena e, muitas vezes, familiar.

Durante a Idade Moderna, porém, operou-se uma modificação significativa desse quadro com o surgimento do **trabalho assalariado**, especialmente a partir dos séculos XVI e XVII – período que Vilar (2010) designa como "etapa final" da transição capitalista. O número de trabalhadores livres ainda era bastante superior, mas o labor assalariado também estava presente. Isso decorreu da acumulação de capital pela burguesia e da expansão do mercado consumidor, que abarcou outros continentes graças às viagens ultramarinas. Nesse contexto, os burgueses – com condições financeiras para tal – aumentavam o número de manufaturas existentes (processo que ocorreu com mais destaque na Inglaterra) com o emprego do que ficou conhecido como *putting-out system* – também chamado de *sistema doméstico*[4]. Com a necessidade de aumentar a produção dos artigos comercializados, os burgueses organizavam barracões ou oficinas em que reuniam os artesãos para a realização do trabalho, que passou a ser especializado.

Se anteriormente, como registramos, a produção era local e familiar, nos chamados *lares-oficinas*, o que ocorria era a segmentação da atividade produtiva, organizada sob os interesses comerciais dos burgueses, que contavam com capital para reunir os meios de produção necessários para tal atividade. O burguês tornou-se, assim, um intermediário na produção – o artesão não vendia seu produto diretamente para seu consumidor, pois, nesse processo, surgiu a

---

4 *Sistema de produção baseado na subcontratação de trabalho, cujos atores eram o empresário burguês, um agente intermediário e o artesão produtor. O intermediário distribuía matérias-primas e outros meios de produção pertencentes ao comerciante burguês para trabalhadores espalhados em diferentes aldeias, incluindo mulheres e crianças, os quais realizavam o trabalho em suas casas ou em oficinas.*

figura do empresário burguês que, com mais recursos, controlava a distribuição das matérias-primas, fornecia as ferramentas, reunia um número maior de artesãos para garantir o aumento da produtividade e comprava dos artesãos o produto final acabado. Em troca, os artesãos recebiam um salário. Foi a partir desse processo que o trabalho assalariado começou a se firmar e a substituir a produção em menor escala.

(1.3)
A CONSOLIDAÇÃO DO CAPITALISMO NA EUROPA E AS CRÍTICAS A ESSE SISTEMA

No século XVIII, o sistema capitalista se consolidou graças à Primeira Revolução Industrial, ocorrida na Inglaterra. No Capítulo 5, quando analisarmos a Revolução Inglesa e o século XVII inglês, explicaremos como se deu o processo que levou a Inglaterra a ultrapassar os Estados pioneiros nas navegações e outros rivais, como Holanda e França. Entretanto, podemos adiantar aqui que, como resultado dos processos ali desenvolvidos, os ingleses iniciaram a produção industrial em larga escala, entre outros fatores, tendo em vista a grande quantidade de mão de obra disponível, a produção dos campos, voltada para a criação de animais, as invenções e o maquinário.

Em linhas gerais, a indústria inglesa voltava-se cada vez mais para as fábricas em lugar das manufaturas, buscando especializar cada vez mais a produção a fim de aumentá-la e, com isso, gerar mais lucro ao detentor dos meios de produção, ou seja, o capitalista. Forjou-se, assim, uma sociedade polarizada principalmente em duas figuras antagônicas: o **proletário ou trabalhador** e o **capitalista burguês**.

Como o historiador Eric Hobsbawm (1997) enfatizou, a sociedade capitalista só começou a se destacar a partir de 1830, ainda que a década de 1780 seja, segundo o autor, o marco inicial da Revolução Industrial. De fato, essa revolução mudou o panorama social, produtivo e econômico da humanidade como nunca antes:

> a certa altura da década de 1780, e pela primeira vez na história da humanidade, foram retirados os grilhões do poder produtivo das sociedades humanas, que daí em diante se tornaram capazes da multiplicação rápida, constante, e até o presente ilimitada, de homens, mercadorias e serviços. [...] Nenhuma sociedade anterior tinha sido capaz de transpor o teto que uma estrutura social pré-industrial, uma tecnologia e uma ciência deficientes, e consequentemente o colapso, a fome e a morte periódicas, impunham à produção. (Hobsbawm, 1997, p. 44)

Com a Revolução Industrial, o processo produtivo passou definitivamente a ser dividido entre diversas pessoas, cada uma responsável por uma etapa, sem, no entanto, dominá-lo por completo. Somente o capitalista reunia condições de concretizar esse tipo de estrutura produtiva, sujeitando a mão de obra a horas extenuantes de trabalho, em péssimas condições e a salários quase miseráveis. O modelo capitalista que atendia ao mercado mundial pôs fim, portanto, às pequenas manufaturas e à empresa familiar.

Para explicar as relações estabelecidas entre capitalistas e burgueses, cabe retornarmos a Karl Marx. Vivendo o período industrial do século XIX, Marx não só testemunhou o crescimento econômico proporcionado pelo capitalismo, mas também constatou que tal crescimento não era igualmente dividido entre os atores envolvidos no contexto industrial. O alemão observou uma grande exploração que possibilitava o enriquecimento de poucos às custas de muitos, e prontamente denunciou essa condição – além de apresentar uma alterativa a ela: a **sociedade comunista** (Marx; Engels, 1999).

Para Marx, como já indicamos, o que definia os sistemas econômicos era o modo como a produção era organizada. Em todos os modos conhecidos permanecia o **antagonismo entre grupos sociais**.

> *Homem livre e escravo, patrício e plebeu, barão e servo, mestre de corporação e companheiro, numa palavra, opressores e oprimidos, em constante oposição, têm vivido numa guerra ininterrupta, ora franca, ora disfarçada [...]. Entretanto, a nossa época – a época da burguesia – caracteriza-se por ter simplificado os antagonismos de classe. A sociedade divide-se cada vez mais em dois vastos campos opostos, em duas grandes classes diametralmente opostas: a burguesia e o proletariado.* (Marx; Engels, 1999, p. 8-9)

No capitalismo, os ganhos do burguês ocorriam mediante exploração dos trabalhadores assalariados – e não, como explicou Adam Smith (1996), pela relação entre oferta e procura de mercadorias. Com a automação da produção de bens e o aumento da capacidade produtiva, além da possibilidade de compra de insumos em maior quantidade por parte dos donos dos meios de produção, houve uma redução nos gastos com matéria-prima e, consequentemente, uma diminuição nos custos de produção. Assim, o valor praticado pelos produtos artesanais não podia competir com os industrializados, forçando os próprios artesãos a aderirem ao regime assalariado e a abrirem mão da condição de donos dos meios de produção. Além disso, os produtos fabricados nas indústrias eram (e são) considerados bens dos capitalistas, e não daqueles que efetivamente o fabricaram. A esse processo Marx chamou de ***alienação***. Se antes o artesão controlava todas as etapas de produção e comercialização de seu produto e, por isso, era detentor de todos os rendimentos resultantes, isso deixou de acontecer quando o controle produtivo passou para a mão dos capitalistas, que se apropriavam dos ganhos gerados pela mão de obra trabalhadora. Inicialmente, mulheres, homens e crianças eram empregados nos ambientes fabris (Figura 1.5). A legislação trabalhista foi elaborada apenas no século XX, na maioria dos países.

Figura 1.5 – Ambiente fabril

Everett Collection/Shutterstock

Mais que isso, no capitalismo, o assalariado tem seu pagamento relacionado ao total de horas em que fica disponível para a empresa. Se nesse período de tempo ele aumentar sua produção, seu salário não sofre alteração, ao passo que o lucro do capitalista aumenta, pois este passa a ter mais bens para comercializar e a custos menores, visto que o custo da mão de obra do trabalhador foi proporcionalmente reduzido. A apropriação pelo capitalista da diferença entre o valor produzido pelo proletariado em determinado tempo e o recebido por este ao final do trabalho na forma de salário é chamada por Marx de **mais-valia** ou *mais-valor*. Com diz Tom Bottomore (2001, p. 227), "A mais-valia é a diferença entre esses dois valores: é o valor produzido pelo trabalhador que é apropriado pelo capitalista sem que um equivalente seja dado em troca. Não há, aqui, uma troca injusta, mas o capitalista se apropria dos resultados do trabalho excedente não pago".

Nosso objetivo neste material não é apresentar em detalhes as ideias marxistas, mas registrar algumas de suas críticas ao capitalismo, uma vez que este é hoje o sistema econômico dominante na maioria das sociedades. Ainda que esse sistema tenha produzido grande riqueza, esta não atingiu todos os indivíduos envolvidos no processo produtivo capitalista. Seu escalonamento nas décadas seguintes ao seu surgimento foi rápido e intenso, espalhando-se para países europeus e até fora da Europa, caso do Japão e dos Estados Unidos na chamada *Segunda Revolução Industrial*, que já envolvia o desenvolvimento dos meios de transporte e das telecomunicações.

Não à toa, as mudanças e transformações sociais nos últimos 200 anos foram muito mais rápidas e em maior número do que em qualquer momento anterior da História. Basta observarmos as permanências do modelo feudal durante a Idade Média e a Idade Moderna para percebermos que a velocidade da inovação e da transformação parece ter aumentado após o desenvolvimento industrial, que propiciou uma alteração sem volta nos modos de produção.

> Não sem exagero, Hobsbawm situa a **Revolução Industrial** como "provavelmente o mais importante acontecimento na história do mundo, pelo menos desde a invenção da agricultura e das cidades" (2007, p. 52). O desenvolvimento capitalista decorrente desse processo foi responsável pela grande (e rápida) transformação na organização social, econômica e até mesmo política conhecida até então.

É preciso destacar, para finalizar, que o capitalismo industrial foi seguido pelo capitalismo monopolista, "típico do imperialismo dos anos 1870-1914, e caracterizado pela concentração de capitais, pela luta por mercados e pelo protecionismo das Nações em competição" (Silva; Silva, 2010, p. 43) e pelo capitalismo financeiro, que fortaleceu bancos e grandes corporações. Foi também o momento em que houve a corrida imperialista entre países europeus, em sua maioria, no final do século XIX, que disputavam fontes de matéria-prima e mercado consumidor, dividindo entre si diversos territórios africanos e asiáticos sob um novo processo de colonização.

Assim, na forma como se estruturou, o capitalismo seria um dos mais danosos traços da sociedade contemporânea justamente por promover a dependência do trabalhador em relação ao capitalista, tirar do operário o controle de sua produção, fomentar a disputa acirrada pelos postos de trabalho (muitas vezes por pagamentos muito aquém do necessário) e voltar-se para a acumulação do lucro e do dinheiro por aqueles que já o têm em demasia. Na próxima seção, trataremos justamente dos impactos do sucesso capitalista nas sociedades em que esse sistema impera.

(1.4)
As consequências do capitalismo

O avanço capitalista causou uma série de mudanças, até então nunca vistas nas sociedades, especialmente com tamanha rapidez. Em primeiro lugar, é possível destacarmos a importância dada ao ambiente urbano em detrimento do ambiente rural, este último por muito tempo preponderante na organização humana. De fato, as cidades começaram a apresentar grande aumento populacional, de maneira geral, apenas a partir do século XIX, sintoma de que a atividade agrícola perdera lugar para a industrial. As próprias cidades, como Paris e Londres, sofreram com a mudança, apresentando bairros distintos para proletários e capitalistas. Diversos autores do século XIX descrevem a sujeira e a falta de higiene que permeavam os cortiços proletários, além da vivência quase miserável de muitos, que conseguiam apenas o suficiente para passar o dia.

> *A cena torna-se mais espantosa no interior das moradias, nos pátios e nas ruelas transversais: "não há um único vidro de janela intacto, os muros são leprosos, os batentes das portas e janelas estão quebrados, e as portas, quando existem, são feitas de pranchas pregadas". Nas casas até os porões são usados como lugar de morar e em toda parte acumulam-se detritos e água suja. "Aí moram os mais pobres dentre os pobres, os trabalhadores mal pagos misturados aos ladrões, aos escroques e às vítimas da prostituição." Nesse centro de Londres, numerosas ruelas de casas miseráveis entrecruzam-se com as ruas largas das grades mansões e os belos parques públicos; essas ruelas lotadas de casas abrigam crianças doentias e mulheres andrajosas e semimortas de fome. (Bresciani, 1982, p. 25)*

A Figura 1.6 – uma rua de um bairro londrino pobre no século XIX – ilustra a pobreza encontrada na Londres industrial.

Figura 1.6 – *Dudley Street, Seven Dials*, de Gustave Doré e Blanchard Jerrold

DORÉ, G.; JERROLD, B. Dudley Street, Seven Dials. 1872. In: **London:** A Pilgrimage. Londres, 1872, p. 158.

Na atualidade, a concentração de renda é muito mais acentuada. Além disso, o mercado está voltado para os trabalhadores assalariados, novamente em detrimento de outras formas de pagamento, e está saturado de produtos industrializados de todos os tipos, muitos deles produzidos ainda em condições degradantes ou em locais em que as leis trabalhistas por vezes não são respeitadas, como na China, onde a base salarial não chega a um dólar por hora de trabalho. A grande produção de bens gera um excesso difícil de ser contido e os estudiosos ligados ao meio ambiente e aos impactos ambientais relacionados à exploração dos bens naturais já apontam um caminho sem volta, com o previsto esgotamento ou a poluição de muitas dessas fontes. Com a **globalização**, os limites e as barreiras alfandegárias desapareceram, e hoje os produtos circulam de forma rápida para localidades as mais distantes. Abala-se, com isso, o mercado interno dos países que não conseguem competir com a produção internacional barateada. Diante desse quadro, muitas economias nacionais veem-se em xeque.

Ao pensarmos no capitalismo, é fácil julgá-lo como vilão. Mas é preciso lembrar também que ele ajudou a impulsionar o desenvolvimento técnico-científico e propiciou melhora na qualidade de vida de muitas pessoas.

O labor industrial também passou por melhorias depois da pressão dos trabalhadores, que se organizaram e constituíram sindicatos a fim de garantir mínimas condições de trabalho e segurança. No século XX, houve avanços com relação às leis trabalhistas – uma conquista dos trabalhadores –, não só com direitos assegurados (como férias e 13º salário), mas também com limitação ao perfil do trabalhador. Nesse sentido, as crianças foram afastadas da atividade laboriosa e ganharam legislações em diferentes países que lhes garantiram o direito de aproveitar a infância (ainda que saibamos, claro, que a realidade não é essa em todos os lugares).

Entretanto, é inegável que o sistema capitalista, por estar voltado ao lucro e ao maior ganho possível – em detrimento das pessoas e do meio ambiente –, mostra-se pernicioso. No trecho a seguir, Lipovetzky e Serroy (2015, p. 11-12) sintetizam as consequências da instalação do capitalismo em nossas sociedades.

> *Capaz de aumentar as riquezas, de produzir e difundir em abundância bens de todo tipo, o capitalismo só consegue isso gerando crises econômicas e sociais profundas, exacerbando as desigualdades, provocando*

> *catástrofes ecológicas de grandes proporções, reduzindo a proteção social, aniquilando as capacidades intelectuais e morais, afetivas e estéticas dos indivíduos. Abraçando unicamente a rentabilidade e o reinado do dinheiro, o capitalismo aparece como um rolo compressor que não respeita nenhuma tradição, não venera nenhum princípio superior, seja ele ético, cultural ou ecológico. Sistema comandado por um imperativo de lucro que não tem outra finalidade senão ele próprio, a economia liberal apresenta um aspecto niilista cujas consequências não são apenas o desemprego e a precarização do trabalho, as desigualdades sociais e os dramas humanos, mas também o desaparecimento das formas harmoniosas de vida, o desvanecimento do encanto e da graça da vida em sociedade [...]*

Neste capítulo, avançamos temporalmente por toda a Idade Moderna para descrever as características do sistema capitalista. Nos próximos capítulos, abordaremos outros aspectos da sociedade moderna, explorando aspectos políticos, econômicos, sociais e até de mentalidade. Em um sentido amplo, Marx tem razão: a Idade Moderna foi um período de transição, de mudanças, que não envolvem somente o modo de produção de bens, mas que englobam também as relações humanas, o entendimento do outro, o relacionamento dos indivíduos com Deus e com a autoridade real. Enfim, uma realidade de mudanças e permanências que serão exploradas adiante.

Síntese

Neste primeiro capítulo, analisamos os aspectos que definem a sociedade feudal e os elementos que fomentaram seu declínio, constituindo o fim da Idade Média e a passagem para a Idade Moderna. Além de explorarmos aspectos sociais e políticos, nosso enfoque foi de cunho econômico, uma vez que o objetivo era demonstrar como a sociedade passou de um regime feudal, fechado e servil para um regime cada vez mais aberto e voltado ao comércio e às trocas comerciais, culminando na instituição do capitalismo como regime vigente. Percebemos que uma série de fatores – alguns específicos do contexto inglês – nos ajudam a entender essa mudança, marcada pelo aumento do poder da burguesia e pela ênfase no aumento da produção de bens. Também apontamos características do sistema capitalista e enfatizamos algumas críticas elaboradas por Karl Marx sobre essa realidade. Como o escopo desta obra é a Idade Moderna, a apresentação sobre o capitalismo não foi tão aprofundada, mas suficiente para que se compreenda seu modo de produção, os questionamentos a ele dirigidos, as consequências sentidas por nós até hoje e a longa caminhada da sociedade europeia até sua consolidação.

Indicações culturais

Livro

LE GOFF, J. **A Idade Média explicada a meus filhos**. São Paulo: Agir, 2007.

O historiador francês apresenta as contradições, mudanças e permanências da Idade Média de uma forma acessível, preocupando-se em refutar a imagem de "Era das Trevas" erroneamente associada ao período.

Filme

OLIVER Twist. Direção: Roman Polanski. França, Reino Unido, Itália, República Tcheca: Summit Entertainment; Pathé; Tristar Pictures. 2005. 130 min.

Adaptação da obra literária de Charles Dickens, *Oliver Twist* conta a história de um garoto órfão que precisa sobreviver na Inglaterra industrial do século XIX.

Atividades de autoavaliação

1. Sobre o feudalismo, assinale a alternativa correta:
   a) Tem início em 476, quando Roma cai diante das invasões bárbaras, e termina em 1453, com a queda de Constantinopla.
   b) Tem como um de seus pilares as relações e a hierarquização sociais.
   c) Entre algumas de suas características estão a centralização do poder, a privatização da defesa das propriedades e o poder da Igreja sobre a vida dos indivíduos.
   d) São três as ordens sociais que prevalecem durante o feudalismo: os *oratores* (clero), os *laboratores* (guerreiros e nobres) e os *bellatores* (trabalhadores).
   e) Os servos estavam atrelados às terras em que trabalhavam por acordos firmados por meio de cerimônias de suserania e vassalagem em relação ao senhor feudal.

2. Leia as afirmativas a seguir e assinale V para verdadeiro e F para falso.
   ( ) O *putting-out system* intensifica ou acelera o processo de especialização da produção e de trabalho assalariado durante a Idade Moderna.
   ( ) O mercantilismo era o sistema econômico do absolutismo, sendo este o sistema político que vigorou em diversos Estados modernos da Europa durante a Idade Média.
   ( ) O mercantilismo não apresentava um conjunto conciso e definido de regras e era aplicado pelos Estados de maneira particular, ainda que possamos identificar algumas características comuns.

( ) Alguns autores identificam a Idade Moderna como a fase inicial do capitalismo, como Max Weber, pois é quando ocorre o aumento na produção de bens e a acumulação primitiva de capital.

( ) Autores como Marx acreditam que, sem a dissociação do trabalhador dos meios de produção, não é possível falar em capitalismo. A Idade Moderna seria uma etapa de transição.

Agora, assinale a alternativa que apresenta a ordem correta:

a) V, F, V, V, V.
b) V, V, F, V, V.
c) F, V, F, F, V.
d) V, V, V, F, F.
e) V, F, F, V, V.

3. Sobre a crise do século XIV, assinale a afirmativa **incorreta**:
   a) A Peste Negra dizimou um terço da população europeia e era causada pela pulga dos ratos.
   b) Os avanços tecnológicos na agricultura não foram suficientes para manter a produtividade nos campos diante das mudanças climáticas bruscas.
   c) Os conflitos entre camponeses e seus senhores foram bastante intensos no período, aumentando ainda mais o quadro de fome e miséria da população. Por isso a vitória camponesa foi tão importante naquele momento.
   d) A Peste Negra era associada a uma espécie de castigo divino, o que aumentou a perseguição aos judeus, vistos como os culpados pela doença no medievo.

e) A Guerra dos Cem Anos teve início quando ingleses e franceses disputavam a sucessão do trono francês. O conflito não se desenrolou de maneira ininterrupta, por isso ela soma mais de cem anos em seu tempo total.

4. Quanto às críticas ao sistema capitalista, assinale a alternativa correta:
   a) Hoje são infundadas, uma vez que os trabalhadores conquistaram seus direitos e não são mais explorados.
   b) São bastante atuais, visto que a maioria dos trabalhadores ainda labuta por mais de 16 horas por dia em péssimas condições. A situação em relação ao século XIX pouco mudou.
   c) Desconsideram os aspectos positivos desse sistema, como o fomento do sindicalismo.
   d) Evidenciam uma relação de exploração da mão de obra trabalhadora por parte do capitalista, que subjuga as pessoas em prol do aumento de seus lucros.
   e) São incoerentes, pois o capitalismo é um sistema que privilegia aqueles que se esforçam e trabalham mais.

5. São elementos que contribuem para a transição do sistema feudal para o capitalista:
   a) Grandes navegações, feudos e Peste Negra.
   b) Absolutismo, *putting-out system* e ordens feudais.
   c) Burgueses, soberanos e artesãos.
   d) Guerra dos Cem Anos, mercantilismo e Revolução Industrial.
   e) Liberalismo, grandes navegações e especialização do trabalho.

Atividades de aprendizagem

Questões para reflexão

1. Com base no que foi exposto neste capítulo, é correto afirmarmos que o capitalismo tem sua primeira fase na Idade Moderna? Justifique seu ponto de vista sobre o assunto.

2. O capitalismo gerou grande diferença social e econômica entre aqueles que detinham os meios de produção e aqueles que cediam sua mão de obra. No século XIX, boa parte da população das grandes cidades europeias era descrita como "uma classe perigosa" pela elite. Essa visão está correta? Ela se aplica hoje? Justifique.

Atividade aplicada: prática

1. Com base na realidade que você conhece, as críticas elaboradas por Marx sobre o sistema capitalista são válidas na atualidade? Elabore um texto explicando como a visão marxista se relaciona (ou não) com a realidade conhecida por você.

Capítulo 2
As grandes navegações

As grandes navegações são inseparáveis do comércio de especiarias, do desejo de expandir a fé católica a locais distantes e, por fim, da busca por terras e regiões com as quais os europeus só haviam tido contato indiretamente até o século XV – como a Índia, cujas especiarias podiam ser compradas em Constantinopla.

Pode parecer surpreendente a um observador contemporâneo que o processo de globalização, iniciado no século XV pelos europeus[1], esteja conectado a algo tão "banal" quanto o comércio das especiarias. Usamos o termo *banal*, pois, quando pensamos em especiarias, lembramos imediatamente de condimentos que podem ser facilmente encontrados em nossas cozinhas do século XXI: cravo, canela, pimenta, entre outros. Alguém poderia se questionar: Como algo tão barato e comum pode ter desencadeado um processo que desembocou na chegada dos europeus no continente americano?

> As grandes navegações são inseparáveis do comércio de especiarias, do desejo de expandir a fé católica a locais distantes e, por fim, da busca por terras e regiões com as quais os europeus só haviam tido contato indiretamente até o século XV – como a Índia, cujas especiarias podiam ser compradas em Constantinopla.

---

1   Embora o termo globalização *seja habitualmente relacionado ao século XX, alguns autores indicam que este teve sua primeira ocorrência no século XV, a partir das grandes navegações. Para o historiador francês Serge Gruzinski (1949-), autor de* Virando séculos, *a passagem do século XV para o século XVI marca uma "globalização do conhecimento do outro", pois, com as viagens marítimas, todos os povos e cantos do mundo tornam-se conhecidos, muitos põem-se em contato. A globalização, assim, não seria de caráter financeiro ou mercantil, mas de ordem cultural e social.*

(2.1)
As grandes navegações e o comércio

A resposta à pergunta antes colocada é simples: esses condimentos obviamente não eram baratos na Europa do século XV. Além disso, eram exóticos para a maioria de sua população, acessíveis apenas a uma pequena parcela – a elite aristocrata ou a burguesia ascendente. O preço altíssimo da pimenta, por exemplo, não estava associado apenas a sua raridade, mas também à distância que os comerciantes precisavam navegar para adquiri-la.

Eram esses condimentos e especiarias que faziam a ponte do comércio entre o Ocidente, representado em especial pela cidade de Veneza, e o Oriente, representado por Alexandria (Egito), Constantinopla (Istambul, na Turquia), capital do Império Romano do Oriente, e a longínqua Índia, uma terra de riquezas e que despertava a admiração dos ocidentais.

No entanto, o equilíbrio e a troca foram alterados profundamente em 1453, quando tropas islâmicas comandadas por Maomé II (Figura 2.1) conseguiram destruir as muralhas de Constantinopla, cidade que por mil anos manteve sua independência, representando o legado cultural do antigo Império Romano Ocidental, que havia sido derrotado pelos bárbaros germânicos um milênio antes.

Figura 2.1 – A Conquista de Constantinopla por Maomé II

ZONARO, Fausto. **Maomé II entrando em Constantinopla**. Pintura.

A localização geográfica da cidade de Constantinopla era ideal para o contato entre Ocidente e Oriente e o comércio entre ambos, afinal, ela se encontrava literalmente na divisa entre Europa e Ásia, cortada pelo estreito de Bósforo: de um lado, o Mediterrâneo, e do outro, o Mar Negro. Ao cair em mãos muçulmanas (inimigos dos reinos cristãos europeus), o impacto foi sentido na queda da rota Veneza-Constantinopla. Pragmáticos, os comerciantes da Europa observaram que seria necessário encontrar outra rota para o Oriente – uma rota que evitasse o contato direto com os exércitos e as taxas de Maomé II.

De todas as nações europeias, a mais preparada para essa nova missão comercial era Portugal. Não deixa de ser admirável que logo um dos menores países do continente, com um exército pequeno e pouco capital disponível, fosse justamente o responsável por encontrar um novo caminho marítimo que chegasse à Índia e ao Oriente. Para compreendermos esse papel de Portugal, precisamos relembrar a **Conquista de Ceuta** (cidade no norte da África) pelos portugueses em 1415.

Essa conquista foi considerada precursora daquelas que ficariam conhecidas como as *grandes navegações*. A vitória em Ceuta teve um caráter estratégico e religioso. *Estratégico*, pois a cidade era um rico entreposto para os comerciantes árabes. *Religioso*, dada a luta antiga que os portugueses travavam com os islâmicos, que haviam ocupado grande parte da Península Ibérica desde o século VIII e que foram expulsos do território definitivamente apenas em 1492. A partir de Ceuta, Portugal iniciou uma troca comercial diretamente com nações africanas do Alto Níger. Em 1441, alcançaram a Guiné, onde havia ouro e pessoas para serem compradas.

Figura 2.2 – *A batalha em Ceuta*, de Jorge Colaço

COLAÇO, J. **A batalha em Ceuta**. 1915. Painel de azulejos. Estação de São Bento, Porto, Portugal.

Certamente há outros pontos que não devem ser ignorados ao analisarmos a expansão de Portugal e, posteriormente, da Espanha. A própria localização geográfica do país, por exemplo, facilitou o contato com outros povos e ilhas.

A posição geográfica do pequeno reino seria de grande vantagem, dada a proximidade com o continente africano e a presença de correntes marítimas que levavam quase naturalmente para as ilhas do Atlântico. Em segundo lugar, não podemos esquecer a experiência adquirida pelos portugueses no comércio de longa distância, que pouco ficava a dever a venezianos e genoveses. Mais importante ainda, os portugueses contavam com capital para financiar suas aventuras africanas e atlânticas, embora uma boa parte deste fosse de estrangeiros. (Lopez; Mota, 2015, p. 46)

Essa disposição portuguesa a se arriscar em desafios marítimos foi simbolizada por dois navegadores: Bartolomeu Dias (1450-1500) e Vasco da Gama (1469-1524). Dias ficou conhecido por ter sido o primeiro ocidental a cruzar o atual Cabo da Boa Esperança, na África do Sul, que separa o Oceano Atlântico do Índico. Navegador experiente, participou inclusive da frota que chegou ao Brasil em 1500. Porém, a maior realização dos lusitanos foi obra de Vasco da Gama e seus companheiros de viagem. Em 1497, saindo de Portugal, Vasco da Gama tinha a missão que sintetiza todos os esforços de sua geração: chegar à Índia por uma nova rota, evitando qualquer contato com os turcos. Com toda a experiência acumulada (e a ajuda de marinheiros árabes encontrados no caminho), a missão foi um sucesso, e Vasco finalmente chegou a Calicute, na Índia, em 1498 (Figuras 2.3 e 2.4).

Figura 2.3 – *Vasco da Gama standing in prow of rowboat*, de Ernesto Casanova

CASANOVA, E. **Vasco da Gama standing in prow of rowboat.** Ca. 1880.

Figura 2.4 – *Vasco da Gama*, de António Manuel da Fonseca

FONSECA, A. M. da. **Vasco da Gama**. 1838. Óleo sobre tela: color.; 121,9 × 96,5 cm. Royal Museums Greenwich, Londres, Inglaterra.

A realização de Vasco da Gama representou o fim da hegemonia de Veneza no comércio de especiarias e o crescente interesse da Espanha nos assuntos associados à Índia e às novas terras. Afinal, os espanhóis também haviam buscado chegar à Índia no mesmo período que os portugueses, mas utilizaram uma rota que os levou até um novo continente, desconhecido dos europeus: a América. Mas devemos ser justos com Colombo (1451-1506): se a América não existisse, seria sim possível chegar até terras indianas.

Colombo realizou quatro viagens à América (em 1492, chegou às Bahamas, na América Central) e morreu acreditando que havia estado na Índia – demonstrando o pouquíssimo conhecimento dos europeus a respeito dos indianos. Dada sua concepção equivocada, todos os habitantes do continente americano foram chamados de *índios*. Mesmo com o reconhecimento do erro, até hoje os descendentes desses habitantes nativos são denominados dessa forma.

O navegador Américo Vespúcio (1454-1512), natural de Florença, Itália, observou que o litoral da América era muito extenso para ser a Índia. Logo, deveria ser um novo continente. Essa observação, banal na perspectiva contemporânea, foi revolucionária em seu tempo, demarcando a existência de um novo território aos olhos dos habitantes de Europa, Ásia e África – a ponto de as terras receberem seu nome, em homenagem a Américo, e não a Colombo.

A resposta portuguesa à Espanha não tardou e, em 1500, a esquadra de Pedro Álvares Cabral chegou a terras brasileiras. Com o **Tratado de Tordesilhas**, de 1494, ambos os países já haviam determinado as regiões de influência no novo continente. Há alguns aspectos a serem observados sobre esse tratado. Ele levou mais a oeste as terras que pertenceriam a Portugal, comparado com os acordos precedentes. O Tratado de *Inter Coetera* (1493) destinava a Portugal uma pequena parte do que seria hoje o Nordeste brasileiro – e nada mais.

> O Tratado de Tordesilhas não apenas dividiu as terras, mas também reafirmou a necessidade de que os nativos deveriam aceitar Cristo como o salvador da humanidade. Essa conotação religiosa marcou o principal choque que os europeus sentiram ao chegar em terras americanas: Seus habitantes tinham alma? Eram humanos?

Segundo algumas teses recentes, essa mudança e interesse por terras mais a oeste representa que Portugal, antes da chegada de Pedro Álvares Cabral no Brasil, já sabia sobre a existência do continente americano. A grande fonte histórica para comprovar essa tese é a existência de um mapa, chamado de **Planisfério de Cantino** (Figura 2.5), de 1502, que já retratava o litoral brasileiro com um nível de acerto incomum para a época. Até mesmo papagaios aparecem na obra. Pedro Álvares Cabral não teve nenhuma relação com o mapa, pois retornou a Portugal na metade de 1501. Assim, não haveria tempo hábil de se produzir o mapa com os dados levantados por Cabral.

Para Lopez e Mota (2015, p. 46),

> A questão do "descobrimento" (ou achamento) do Brasil ficou esclarecido a partir de pesquisas do historiador português Joaquim Barradas de Carvalho (1920-1980), publicadas em sua importante obra sobre o navegador e diplomata Duarte Pacheco Pereira, autor do livro Esmeraldo de Situ Orbis. Segundo ele, o renascentista Duarte Pacheco teria sido, já no ano de 1498, o verdadeiro "descobridor" das novas terras do Novo Mundo ao sul do Equador.

O Tratado de Tordesilhas não apenas dividiu as terras, mas também reafirmou a necessidade de que os nativos deveriam aceitar Cristo como o salvador da humanidade. Essa conotação religiosa marcou o principal choque que os europeus sentiram ao chegar em terras americanas: Seus habitantes tinham alma? Eram humanos? O território recém-descoberto era habitado por humanos há milênios; os nativos, então, sofreriam a violência da chegada de uma nova concepção econômica.

Figura 2.5 – O Planisfério de Cantino, de 1502

(2.2)
Os nativos americanos aos olhos europeus

A chegada dos europeus no continente americano marcou uma novidade histórica difícil de ser mensurada. Não se assemelha a uma conquista típica, como as dos gregos ou romanos na Antiguidade. O Império Romano, por exemplo, conhecia a existência das terras que conquistava, assim como mantinha contato com seus habitantes antes de iniciar a violência da guerra. O mesmo não pode ser dito dos conquistadores da América: nenhuma civilização do passado, do continente europeu, asiático ou africano (sem contar a Oceania), havia cogitado a existência de terras além das conhecidas.

Tanto era assim que por longo período os mapas medievais europeus, ao tentar traduzir as terras do globo, eram conhecidos como *T.O.* (Figura 2.6) – referindo-se à Ásia, à Europa e à África. *T.O.* porque a Terra era indicada "O", e o "T" representava a divisão dos três continentes conhecidos.

Figura 2.6 – O mapa medieval *T.O.*

Essa ignorância mudou por completo quando portugueses e espanhóis foram em busca de especiarias indianas e da seda chinesa. Ao empreender esforços para encontrar novas rotas, de uma maneira totalmente inesperada aos contemporâneos do século XV, a Europa descobriu que um território imenso era habitado por homens e mulheres que desconheciam as tradições e costumes europeus. Além disso, não conheciam a existência de Jesus ou da Bíblia. Contrapondo-se aos padrões europeus da época, essas pessoas andavam nuas e não conheciam a lei escrita.

Com a chegada dos espanhóis e portugueses à América adveio o questionamento do continente europeu: Quem são esses habitantes? Podemos afirmar que, de modo geral, a visão do europeu foi conflitante e contraditória. Para alguns autores, os nativos americanos eram demônios, para outros, seres angelicais. Foi justamente Colombo, o primeiro europeu a chegar a terras americanas, a utilizar uma palavra que, por longo período, foi empregada para descrever os nativos: canibal. Segundo Schwarcz e Starling (2015, p. 21), a palavra *canibal*:

> tem origem no idioma arawan – língua falada por tribos indígenas da América do Sul, povos caraíbas antilhanos, cuja derivação espanhola "canibal" (do Caribe) logo foi associada a práticas reportadas por viajantes europeus, que se referiam, preocupados, a costumes antropofágicos locais. O nome também foi vinculado a can (cão), e a Cam, personagem bíblico mencionado no livro do Gênesis. Filho mais novo de Noé, Cam, Canaã, rira da embriaguez do pai desacordado e por isso fora amaldiçoado e condenado a ser "servo dos servos". Assim, pavimentava-se o caminho religioso para as futuras justificativas da escravidão não só dos índios como dos negros africanos, ambos considerados descendentes da maldição de Cam.

> Esse retrato pejorativo dos habitantes nativos americanos estava conectado também a um projeto de **exploração mercantilista**. Para escravizar os nativos, era preciso retirar qualquer aspecto humano deles – como supostamente estavam mais próximos dos animais do que dos homens, era possível tratá-los de uma maneira que nenhum homem branco poderia ser.

Para legitimar a escravidão dos nativos, os portugueses utilizaram a noção de *guerra justa*, de origem cristã e associada à guerra contra povos "infiéis", possibilitando um tratamento desumano àqueles que se recusavam a crer em Cristo. Essa crença nasceu da guerra dos portugueses e espanhóis, durante os séculos VIII e XV, contra os árabes que conquistaram a Península Ibérica, sendo aplicada também ao contexto americano.

O primeiro relato português dos nativos americanos (ao menos o único conhecido) foi escrito por Pero Vaz de Caminha, escrivão da frota de Pedro Álvares Cabral. Embora suas observações não sejam tão negativas como as de outros viajantes dos séculos XV e XVI, Caminha não deixou de construir a ideia de que o indígena era o "outro", um ser incompleto, desconhecedor da suposta normalidade que as tradições culturais europeias significavam aos portugueses.

Figura 2.7 – Leitura da Carta de Caminha, de Francisco Aurélio de Figueiredo e Mello

FIGUEIREDO e MELO, F. A. de. Vaz de Caminha lê ao Comandante Cabral, Frei Henrique e Mestre João a carta que será enviada ao Rei D. Manoel I. 1900.

Figura 2.8 – Carta de Pero Vaz de Caminha

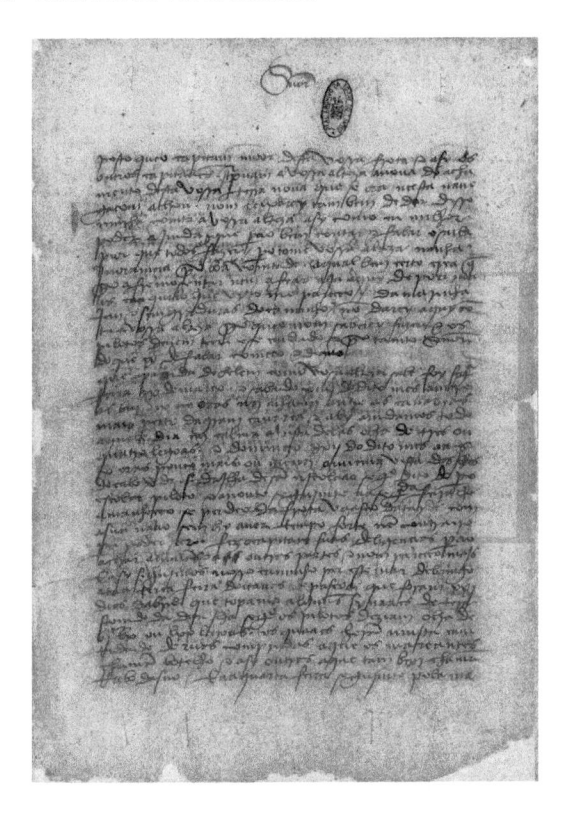

Há vários pontos dessa carta que merecem ser analisados, mas nos ateremos a apenas dois:

> *Parece-me gente de tal inocência que, se homem os entendesse e eles a nós, seriam logo cristãos, porque eles não têm, nem entendem em nenhuma crença, segundo parece. E portanto, se os degredados, que aqui hão de ficar, aprenderam bem a sua fala e os entender, não duvido que eles, segundo a santa intenção de Vossa Alteza, se hão de fazer cristãos e crerem na nossa santa fé, à qual praza a Nosso Senhor que os traga, porque, certo, esta gente é boa e de boa simplicidade.* (Caminha, 2013, p. 43)

> *Eles não lavram, nem criam, nem há boi, nem vaca, nem cabra, nem ovelha, nem galinha, nem outra nenhuma animaria, que costumada seja o viver dos homens. Nem comem senão desse inhame, que aqui dá muito, e dessa semente e frutos, que a terra e as árvores de si lançam. E com isto andam tais, e tão rijos, e tão nédios, que o não somos nós tanto, com quanto trigo e legumes comemos.* (Caminha, 2013, p. 45)

No primeiro excerto, Caminha, como bom cristão, indica que o papel da monarquia portuguesa era catequizar os povos nativos, dado o desconhecimento deles sobre a cristandade. Como afirma, eles (os indígenas) hão de se fazer cristãos. Não há um interesse mínimo em compreender os nativos, analisando se já havia outro sistema de crenças, diferente do europeu, na América. A imposição do modelo cristão é escancarada: todas as outras crenças estão erradas e devem ser apagadas.

A despeito disso, devemos observar a diferença do tratamento dado aos indígenas, comparado com os pagãos ou infiéis. Para os portugueses, os nativos não tinham nenhuma religião – a responsabilidade de salvá-los cabia ao cristão. Tratamento igualmente violento era dado ao judeu ou ao islâmico na Europa desse período histórico, marcado pelas perseguições da Inquisição na Península Ibérica. Certamente os indígenas sofreram uma grande perda humana com a chegada dos portugueses, mas isso ocorreu pelas doenças disseminadas pelo homem branco.

No segundo trecho, Caminha usa o *não* para marcar uma diferença: o indígena era aquele que desconhecia as práticas civilizatórias dos europeus. Podemos questionar alguns pontos da negação (por exemplo, os indígenas conheciam a agricultura), mas o que resta é a criação de um nativo descrito pela sua ausência: eles não são como nós. Por outro lado, de certa forma otimista, Caminha não negou completamente a humanidade do indígena, como outros teóricos europeus fizeram depois.

> *E o que se "achou" foi uma suposta "nova" humanidade. Afinal, logo depois do feito dos portugueses começaram a correr várias teorias curiosas sobre a origem dos índios: Paracelso, em 1520, acreditava que eles não descendiam de Adão e que eram como os gigantes, as ninfas, os gnomos e os pigmeus. Cardono, em 1547, apostava que os indígenas surgiam como uma geração espontânea, a partir da decomposição de matéria morta, como as minhocas e os cogumelos.* (Schwarcz; Starling, 2015, p. 29)

À parte desse julgamento, a única certeza que temos é a de que os indígenas foram compreendidos pelos europeus como a principal mão de obra para o projeto de colonização e exploração das terras americanas. O trabalho dos indígenas não entrou na mesma categoria ou conceito partilhado na Europa do período – até na forma de exploração a América era "nova".

No contexto medieval, os camponeses, na condição de ordem social mais numerosa, pertenciam à terra (colonato) e aceitavam que o excedente de seu trabalho fosse apropriado pelo seu senhor – a corveia é o exemplo mais célebre. Na América, o colonato não tinha como ser aplicado. Em primeiro lugar, os indígenas não aceitavam permanecer muito tempo em um mesmo lugar, tendo em vista seu histórico nômade. De fato, com a chegada dos portugueses, muitos buscaram o interior para escapar da escravidão. Em segundo, os portugueses no Brasil (uma minoria irrisória) ainda não reuniam condições administrativas de manter uma população tão grande quanto a nativa em condição de aceitar termos que não faziam parte da cultura indígena. Até mesmo a noção de *excedente*

> Os indígenas foram compreendidos pelos europeus como a principal mão de obra para o projeto de colonização e exploração das terras americanas.

ou *lucro* não fazia sentido para os nativos, como fica claro no célebre diálogo de Jean de Léry com um ancião tupinambá, no século XVI, quando os franceses criam uma colônia em terras brasileiras:

> [...] Por que vindes vós outros, *maírs* e pêros (franceses e portugueses) buscar lenha de tão longe para vos aquecer? Não tendes madeira em vossa terra? Respondi que tínhamos muita mas não daquela qualidade, e que não a queimávamos, como ele o supunha, mas dela extraíamos tinta para tingir, tal qual o faziam eles com os seus cordões de algodão e suas plumas.
>
> Retrucou o velho imediatamente: e porventura precisais de muito? — Sim, respondi-lhe, pois no nosso país existem negociantes que possuem mais panos, facas, tesouras, espelhos e outras mercadorias do que podeis imaginar e um só deles compra todo o pau-brasil com que muitos navios voltam carregados. — Ah! retrucou o selvagem, tu me contas maravilhas, acrescentando depois de bem compreender o que eu lhe dissera: Mas esse homem tão rico de que me falas não morre? — Sim, disse eu, morre como os outros.
>
> Mas os selvagens são grandes discursadores e costumam ir em qualquer assunto até o fim, por isso perguntou-me de novo: e quando morrem para quem fica o que deixam? — Para seus filhos se os têm, respondi; na falta destes para os irmãos ou parentes mais próximos. — Na verdade, continuou o velho, que, como vereis, não era nenhum tolo, agora vejo que vós outros *maírs* sois grandes loucos, pois atravessais o mar e sofreis grandes incômodos, como dizeis quando aqui chegais, e trabalhais tanto para amontoar riquezas para vossos filhos ou para aqueles que vos sobrevivem! Não será a terra que vos nutriu suficiente para alimentá-los também? Temos pais, mães e filhos a quem amamos; mas estamos certos de que depois da nossa morte a terra que nos nutriu também os nutrirá, por isso descansamos sem maiores cuidados.

Fonte: Léry, 1961.

Por que destruir uma floresta se essa mesma floresta serviria para a vida de seu filho? O questionamento do indígena é muito pertinente para os nossos dias. Sem discorrer em um anacronismo, podemos pensar que a noção de preservação da natureza já estava presente no ideal dos tupinambás em meados do século XVI. Para termos uma ideia, apenas em 1970 o mundo Ocidental começou a problematizar a importância do respeito ao meio ambiente.

Figura 2.9 – Mão de obra indígena no corte do pau-brasil

Fonte: The Library of Congress, 2017.

Os portugueses encontraram dois modos de manter o comércio com os povos nativos: o **escambo** e a **escravidão**. Em ordem cronológica, as trocas que aconteciam envolviam objetos cotidianos para os europeus, mas de grande valor para os indígenas, como um machado ou espelho. Posteriormente, o desejo de exploração ilimitado dos europeus não combinava com uma troca tão desorganizada quanto o escambo. Então a escravidão passou a ser o modo mais comum de organizar a nova sociedade nos trópicos (ainda que os nativos tenham tentado resistir fortemente a ela). Não deixa de ser uma ironia histórica que os povos indígenas, explorados e levados ao limite físico pelos europeus, tenham sido taxados de preguiçosos, quando, em verdade, os portugueses eram conhecidos por desprezarem o trabalho manual ou artesanal.

Entretanto, nem todos os filósofos e intelectuais europeus foram tão cegos ao analisar a figura do indígena americano. O mais original dos filósofos que se questionaram acerca da humanidade e inteligência dos nativos foi o francês Michel de Montaigne (1533-1592). Em seu escrito *Sobre os canibais*, o autor faz um exercício simples, mas que ironizou toda a mentalidade dominante europeia: e se nós (europeus) fôssemos os verdadeiros bárbaros? Ao questionar a sociedade de seu tempo, em que a Inquisição espanhola queimava pessoas vivas que discordavam de seus dogmas, o filósofo chegou a uma conclusão:

> *Penso que há mais barbárie em comer um homem vivo do que em comê-lo morto, em dilacerar por tormentos e suplícios um corpo ainda cheio de sensações, fazê-lo assar pouco a pouco, fazê-lo ser mordido e esmagado pelos cães e pelos porcos (como não apenas lemos mas vimos de fresca memória, não entre inimigos antigos, mas entre vizinhos e compatriotas, e, o que é pior, a pretexto de piedade e religião) do que em assá-los e comê-los depois que está morto.* (Montaigne, 2010, p. 150)

Certamente, Montaigne era uma exceção e seu pensamento não representa o da maioria dos habitantes da Europa de seu tempo. Os nativos americanos ainda foram retratados como bárbaros e ignorantes por muito tempo e podemos nos questionar se até hoje não são vistos de maneira similar pela sociedade brasileira.

Mesmo os jesuítas, religiosos de uma ordem interessada na propagação da cristandade no Novo Mundo e associada no imaginário de senso comum à proteção dos nativos contra as explorações dos europeus, só aceitavam os indígenas na condição de humanos e merecedores de respeito com a contrapartida de que eles negassem suas origens e tradições. Todavia, em 1570, a escravidão de indígenas foi proibida por motivos religiosos, e os portugueses logo buscaram uma saída para o "problema" de mão de obra: os africanos da costa atlântica.

(2.3)
A Europa e a África

Para analisarmos a relação entre Europa e África nos séculos XV e XVI devemos nos despir de nossos preconceitos, que tendem a surgir quando pensamos num continente como o africano. De todos os continentes, ele certamente é o mais associado à ausência de "civilização" ou cultura – o que é um equívoco. Ainda, é comum escutarmos ou lermos que a África era (ou é) habitada por *tribos* – um conceito tradicionalmente associado a algo primitivo –, quando os termos corretos seriam *nações*, *impérios* ou *reinos africanos*. Como afirmam Waldman e Serrano (2007, p. 24):

> o continente africano foi, [...] o mais desqualificado pelo pensamento ocidental. Ainda que a imagem da África tenha variado ao longo do tempo em decorrência de diferentes formas de relacionamento estabelecidas com os seus povos, é indiscutível que o continente foi, mais do que qualquer outro, laureado pelo pensamento ocidental com imagens particularmente negativas e excludentes.

Essa imagem pejorativa do continente africano vem de longa data e ganhou vários contornos no decorrer do tempo. No período medieval e até durante parte da Idade Moderna, dado o total desconhecimento dos europeus sobre os africanos, a imaginação típica da época associou-os não a humanos, mas a monstros. Afinal, os europeus mantinham contato com o norte da África, mas pouco sabiam além dos antigos domínios do Império Romano.

Figura 2.10 – Habitantes do interior do continente africano, segundo os livros europeus da Idade Média

Fonte: Schedee, 1493.

Hoje a imagem desses seres mitológicos não existe, mas há ressonância de tais crenças tão equivocadas. A principal problemática é a seguinte: Quais elementos precisamos conhecer para termos uma visão mais apropriada do que era o continente africano durante os séculos XV e XVI? Em primeiro lugar, como já mencionamos, o continente africano não era habitado por tribos, mas por nações e reinos. Para Silva (2003, p. 58):

> *Na África, sempre houve nações [...]: povos unidos pelo sentimento de origem, pela língua, pela história, pelas crenças, pelo desejo de viver em comum e por igual vontade de destino. [...] O preconceito teima, entretanto, em chamar tribos às nações africanas, sem ter em conta a realidade de que não são tribos grupos de mais de sessenta milhões de pessoas, como os hauças [...].*

Em segundo lugar, a África a que nos referimos (a que entrou em contato com portugueses e outros europeus) deve ser delimitada com maior cuidado. O conceito de *África Atlântica* diz respeito, como o próprio nome indica, à região formada por nações da costa atlântica, as quais foram mais influenciadas pelo contato com os europeus. Essa região também foi a mais afetada pela economia assentada no tráfico de escravizados. Grande parte dos escravizados que vieram ao Brasil era oriunda do Reino de Benin[2] ou de Daomé, podiam ser iorubás ou mandingas.

---

2 O território do Reino de Benin corresponde à região da atual Nigéria.

Mapa 2.1 – A África Atlântica

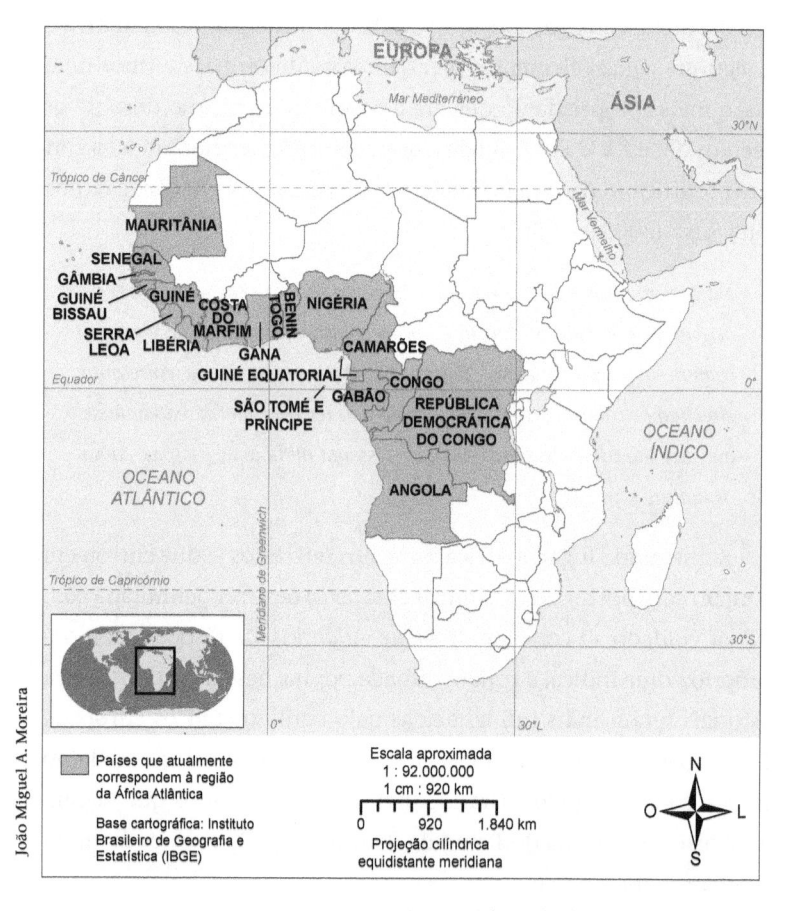

Fonte: Adaptado de Pernambuco, 2015.

O terceiro ponto é que os habitantes dos reinos da África Atlântica não viviam na savana ou em aldeias. Eram moradores de cidades grandes, muitas delas portuárias e cosmopolitas. Olfert Dapper, viajante europeu do século XVII, chegou a comparar a capital do Reino de Benin com as ruas de Amsterdã. Essas cidades comercializavam com o interior do continente africano, mas desconheciam o comércio com a Europa – ao menos, o comércio sem intermediários.

O contato do europeu com a África Atlântica foi superficial entre os séculos XV e XIX, mas transformou as relações existentes nesse continente. *Superficial*, pois apenas no final do século XIX os europeus conquistaram de fato o interior do continente. Até então conheciam o litoral, onde mantinham feitorias. Mas o contato iniciado no século XV, mesmo que marginal, transformou a relação dos africanos com a instituição da escravidão.

Escravizar outras pessoas era uma prática comum e rotineira na África. Entretanto, havia uma diferença entre a prática africana e a relação estabelecida posteriormente pelos portugueses: **a escravidão no continente africano era doméstica**, relacionada aos afazeres do lar e da agricultura de subsistência, reconhecendo a humanidade do outro – filhos de escravizados na África eram considerados livres. Por lei, a pessoa escravizada era um **criminoso ou originário de um reino que havia sido derrotado em guerra**.

Por sua vez, **a escravidão que os europeus inseriram no litoral africano era predatória**. A única regra era que a pessoa escravizada deveria ser **negra**, e depois da captura, ela e seus filhos não teriam **nenhum direito**. Há um aspecto pouco conhecido da escravidão na África: os europeus contavam com a colaboração de reinos africanos para adquirir novas pessoas escravizadas, como os Reinos de Benin e do Congo.

Sem a colaboração desses reinos, a escravidão moderna não teria sido tão bem-sucedida e ampla, com milhões de pessoas sendo retiradas de suas terras natais, embarcadas em barcos imundos e levadas a um novo continente. De forma trágica, segundo Alberto da Costa e

Silva, todo o recurso financeiro adquirido por esses reinos africanos com a venda de seus semelhantes foi gasto em luxos:

> o comércio de escravos, além de violento e cruel, era também antieconômico. Rapazes e homens no esplendor da capacidade física, indispensável para o aumento da produção em sociedades sem máquinas, eram trocados por armas e por bens supérfluos ou de luxo, quando não inúteis: algodões da Índia, sedas da China [...] vinhos [...]. (Silva, 2008, p. 91)

Ademais, é importante frisarmos: isso não significa que os africanos escravizaram os próprios africanos. O conceito de *africano* não existia naquela época[3], e o reino de Benin compreendia que seus vizinhos não eram irmãos, mas inimigos que mereciam a escravidão. Ao mesmo tempo, os negócios com os europeus representavam uma forma de garantir riquezas para os reinos e fortalecer o poder real, o que interessava aos soberanos africanos.

---

3   Esse conceito surgiu apenas no século XIX, com a colonização imperialista a que a África foi submetida. As ideologias emancipacionistas que advieram em consequência desse movimento fomentaram a imagem de uma África única e coesa (em oposição aos brancos cristãos e europeus que ocupavam o território), e não mais de comunidades independentes e esparsas. A ideia de uma África unida e fortalecida (e de africanos como um só povo – levando em conta a origem destes e ignorando suas muitas diferenças) foi reforçada, por exemplo, pelos pan-africanistas (cujo lema é "África para os africanos") e ganhou expressividade no fim do século XIX e nas primeiras décadas do século XX. Assim, a ideia do povo africano surgiu como uma oposição à ameaça externa que se instalava no território africano e usurpava desses diferentes povos a liberdade, a riqueza, a cultura e a autonomia. É no encontro com o diferente que esses indivíduos se reconhecem como iguais.

Figura 2.11 – Aparição pública de Oba (rei) de Benin, de Antônio de Sasso

SASSO, A. de Aparição pública de Oba (rei) de Benin. África. Gravura com placa de cobre. In: FERRAIO, G. **Ancient e Modern Costumes of all the People of the World**. Florença, Itália, 1843.

Não se sabe ao certo quantos africanos foram escravizados e retirados de suas terras entre os séculos XV e XIX. Estima-se 8 a 11 milhões de pessoas, sendo que pelo menos a metade teve o Brasil como destino. Nosso país recebeu tantos escravizados que chegou a ser chamado de Nova Guiné, em uma óbvia associação do Brasil como um país de população majoritária africana – Guiné era uma região da África Atlântica.

Mapa 2.2 – Escravidão em números

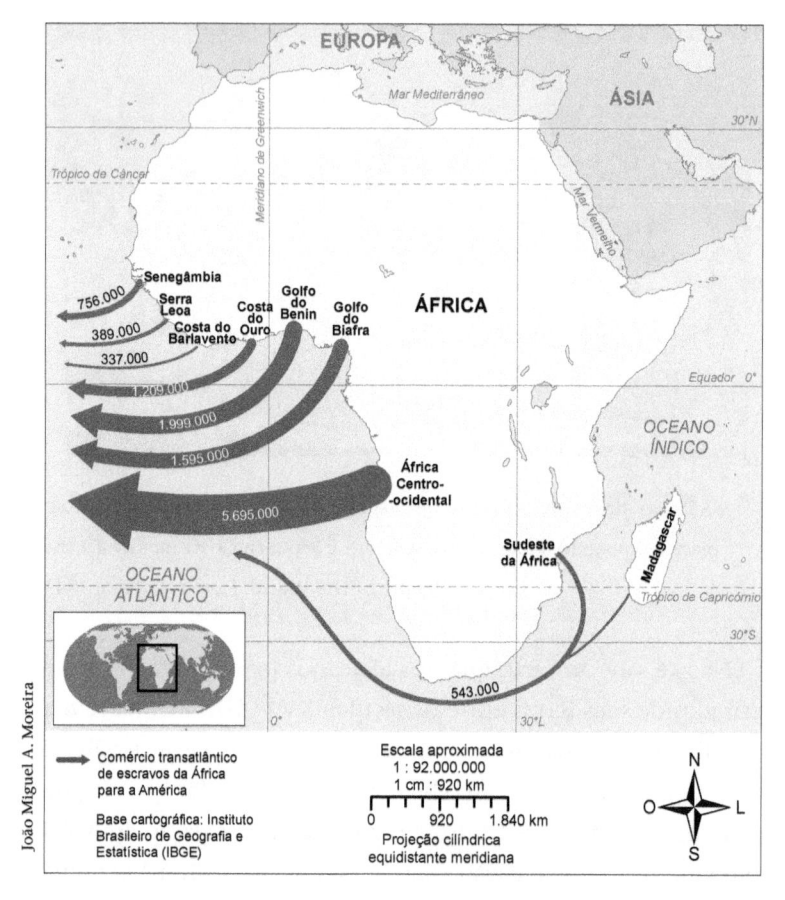

Regiões de embarque (África):
- Senegâmbia: 756.000
- Serra Leoa: 389.000
- Costa do Barlavento: 337.000
- Costa do Ouro: 1.209.000
- Golfo do Benin: 1.999.000
- Golfo do Biafra: 1.595.000
- África Centro-ocidental: 5.695.000
- Sudeste da África: 543.000

Comércio transatlântico de escravos da África para a América

Base cartográfica: Instituto Brasileiro de Geografia e Estatística (IBGE)

Escala aproximada
1 : 92.000.000
1 cm : 920 km
0 — 920 — 1.840 km
Projeção cilíndrica equidistante meridiana

João Miguel A. Moreira

Fonte: Adaptado de The Trans-Atlantic Slave Trade Database Voyages, 2017.

Da África até o Brasil, os africanos eram embarcados em navios conhecidos como *tumbeiros* – os navios negreiros. Alocados no porão, recebiam apenas o mais básico, minimamente o que bastasse para não morrerem na travessia. Esse comércio era dominado pelos europeus e rendeu-lhes grandes lucros. Havia na América uma necessidade enorme de mão de obra, especialmente para as lavouras, e os escravizados africanos (com conhecimento em agricultura e metalurgia) foram responsáveis pelas grandes obras aqui produzidas: desde o engenho até aquelas que se tornariam cidades.

Figura 2.12 – *Negros no fundo do porão (O navio negreiro)*, de Johann Moritz Rugendas

RUGENDAS, J. M. **Negros no fundo do porão (O navio negreiro)**. 1835. Litografia: color.; 35,5 × 51,3 cm. Coleção particular.

Chegando a terras brasileiras, esses indivíduos tiveram um papel criativo no desenvolvimento de técnicas relacionadas ao trabalho, tanto na mineração (conhecida por eles há milênios) quanto na agricultura. O preconceito teima em mostrar os africanos escravizados como ignorantes e sem passado. Nada mais longe da realidade, pois foram eles que ensinaram aos portugueses modos inovadores de trabalhar o ferro e de pastar o gado bovino.

> O preconceito teima em mostrar os africanos escravizados como ignorantes e sem passado. Nada mais longe da realidade, pois foram eles que ensinaram aos portugueses modos inovadores de trabalhar o ferro e de pastar o gado bovino.

Sem a contribuição e o sacrifício dos africanos escravizados, o projeto dos europeus para a América não teria se concretizado. No mínimo, dada a ausência de mão de obra europeia disposta a trabalhar no novo continente, as cidades, os engenhos e as plantações teriam demorado a sair do papel. Esse é o legado dos africanos: o esforço deles tornou possível a transformação da América, conectando-a ao mercado europeu.

(2.4) A Europa e a Ásia

Ao iniciarem a exploração da costa atlântica do continente africano, os portugueses conheceram reinos e nações; porém, mesmo com uma estrutura social rígida e avançada, não havia como competir em termos militares com outros povos europeus. Os africanos (com exceção daqueles do Norte da África, banhado pelo Mediterrâneo), por exemplo, não conheciam a roda para se locomover e, em uma tradição muito similar à que existe no Brasil, preferiam levar objetos em suas próprias cabeças.

Ao chegarem à América, os portugueses encontraram pessoas que usavam poucas vestimentas para os padrões europeus e não contavam com uma organização militar capaz de deter o avanço das tropas europeias, como armas de fogo e fortalezas. Mesmo os espanhóis, que encontraram civilizações ricas e tão desenvolvidas quanto a sua, conseguiram conquistar a região, pois os nativos americanos desconheciam (e não tinham imunidade para) várias doenças que os europeus conheciam há muito tempo.

Em suma, a Europa podia se vangloriar de ser a região mais avançada do mundo – ao menos eles assim se viam durante esse período. Afinal, todos os contatos além de suas fronteiras haviam provado que os povos podiam ser dominados com relativa facilidade, bastando pequenas unidades de militares bem treinados. Essa percepção de superioridade mudou rapidamente quando os portugueses conseguiram chegar a Índia, China e Japão – três países que, diferentemente de tudo o que haviam encontrado até então, eram urbanos, culturalmente desenvolvidos e detinham um exército capaz de impedir o avanço dos europeus.

O contato dos europeus com os asiáticos (indianos, chineses e japoneses), desde o Império Romano até o século XV, era indireto, ou seja, não havia embarcações portuguesas em portos japoneses e vice-versa. Um dos poucos europeus a se aventurar no continente asiático logo ganhou fama e reconhecimento na Europa. Foi o caso de **Marco Polo** (1254-1324), viajante e comerciante veneziano que conheceu um dos maiores impérios antigos, liderado pelos mongóis, retornando posteriormente a sua cidade natal.

Polo, em seu relato escrito depois de retornar à Itália, impressionou seus leitores ao criar a imagem de um Oriente mais rico e mais populoso do que o Ocidente. Dado o orgulho dos europeus, seu relato foi considerado um exagero, pois, em sua essência, dizia que havia um local mais desenvolvido que o Ocidente – o que para um morador de Veneza do século XIII era um absurdo.

Figura 2.13 – Marco Polo a se aventurar no Oriente

MARCO POLO viajando. ca. 1254. In: POLO, M. **The Travels of Marco Polo** (**Il Milione**). Iluminura. República de Veneza, 1298-1299.

Para chegar ao Império Mongol, Marco Polo usou uma rota antiga, quase milenar, que era o contato indireto entre Ocidente e Oriente: a **rota da seda**. Como o próprio nome indica, a seda era uma das principais mercadorias a ser comercializada nessa rota. Não era a única, mas certamente era a mais cara, pois ter uma roupa de seda era uma distinção social entre os ricos ocidentais.

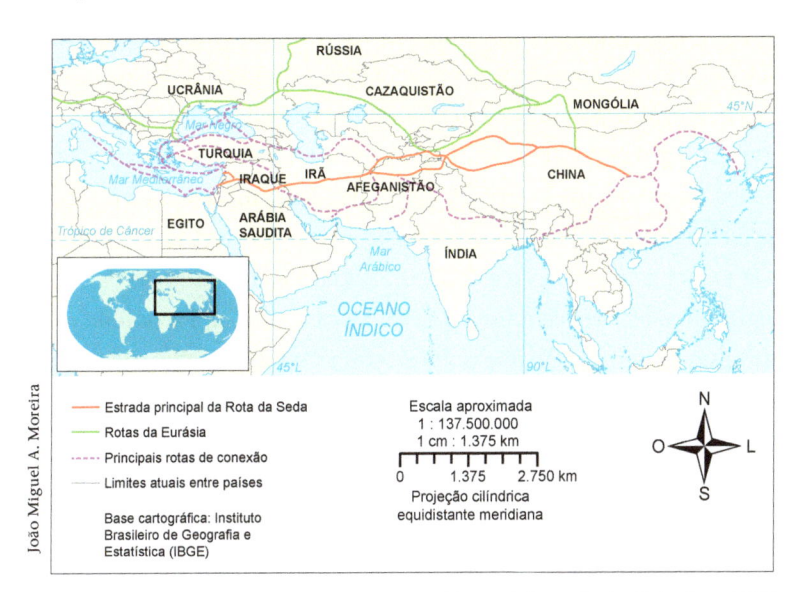

Mapa 2.3 – Rota da seda: conexão entre Constantinopla e China

Fonte: Adaptado de China's..., 2013.

Conectando o litoral chinês a Constantinopla, essa rota seria uma imensidão até nos padrões atuais. Tente imaginar, então, para os padrões medievais, em que a principal forma de locomoção era o cavalo. Contudo, como vimos no início deste capítulo, Constantinopla foi conquistada pelos turcos em 1453, tornando-se necessário aos comerciantes europeus encontrar uma nova rota.

Ao estudar a História do Brasil, aprendemos que Pedro Álvares Cabral chegou ao país em 1500. O que muitas vezes é ignorado é que, depois de alcançar as novas terras, Cabral não retornou a Portugal, mas manteve o plano original de sua navegação: chegar a Calicute (atual Calcutá, Índia). Foi no continente asiático que os navegadores europeus se deram conta de que Marco Polo tinha razão: **o Oriente era mais rico e populoso do que o Ocidente.**

Para termos uma dimensão prática do que isso significou, os portugueses nem mesmo conceberam invadir a China ou o Japão, como haviam feito na América. Na Índia, tentaram dominar pequenas partes do território (as feitorias), mas logo foram repelidos. Ao Japão, não enviaram guerreiros, mas jesuítas, os quais também foram expulsos pouco tempo depois. O Oriente definitivamente não era uma região de fácil conquista. Por isso, a estratégia dos europeus para a China e o Japão foi de negociação e diálogo, na maioria das vezes. Se os portugueses se estabeleceram na ilha de Macau (China), foi porque os chineses permitiram, e não porque estes foram derrotados em uma batalha. Como afirma Ramos (2010, p. 113):

> Ao chegarem ao Oriente, os portugueses encontraram civilizações consolidadas, cujas origens remontavam ao segundo milênio a.C. dominando o rico comércio das especiarias. A unidade política desses povos estava esfacelada em diversos principados e sultanatos, a exemplo do medievalismo europeu. [...] Esses feudos possuíam fortalezas e entrepostos mercantis, localizados em pontos estratégicos, que serviam de passagem para caravanas e embarcações com destino à China e à África oriental.

O que interessava aos europeus no continente asiático era o comércio das especiarias. Segundo estimativas, o lucro de Vasco da Gama chegou a 4.000% ao retornar à Europa – isso explica o interesse pela pimenta e outros condimentos. Entretanto, não era apenas enriquecimento pessoal que essas viagens proporcionavam; elas eram financiadas pelo Estado (tanto pela monarquia portuguesa quanto pela espanhola), com o objetivo de enriquecimento da nação e fortalecimento de um sistema político: a monarquia absolutista.

Síntese

Neste capítulo, explicamos que, nos séculos XV e XVI, teve início um processo de expansão do continente europeu, com objetivo principal de conquistar novas terras (e depois, com a Reforma Religiosa, novos fiéis para a Igreja Católica, façanha realizada especialmente por Portugal e Espanha), bem como buscar o comércio das especiarias. Esses dois séculos iniciaram o processo de globalização, ao colocar em contato diversas regiões do globo e vários povos até então desconhecidos uns para os outros, em uma rede de interesses. No continente africano, os europeus mantiveram o contato com o intuito de comprar pessoas escravizadas para trabalhar na América. Esse local, recém-descoberto, deveria ser explorado a fim de que a metrópole enriquecesse. Na Ásia, única região pela qual os europeus demonstravam admiração, eles encontraram civilizações milenares e bastante desenvolvidas para os padrões do continente europeu da época.

Indicações culturais

Livro

MICELI, P. **História moderna**. São Paulo: Contexto, 2013.

Na obra, Paulo Miceli faz uma análise dos principais pontos associados ao surgimento da modernidade, como o Estado-nação, o humanismo, o comércio global e a cultura da época. O autor expõe de maneira clara e objetiva as transformações que marcaram essa época.

Atividades de autoavaliação

1. A Queda de Constantinopla, sede do Império Bizantino, é considerada um marco no início do processo que levou à

chegada dos espanhóis e portugueses à América. Entre os motivos dessa relação, podemos destacar que:

a) Grande parte dos navegadores que partiram para a América era de origem bizantina.
b) Os bizantinos já sabiam sobre a existência do continente americano.
c) A queda da cidade levou os europeus a buscarem outra rota marítima para chegar à Índia.
d) Parte do capital britânico investido na cidade foi transferido para Portugal e Espanha.
e) Com a tomada da cidade, iniciou-se o ano 1 do Islã.

2. Portugal, durante os séculos XV e XVI, realizou viagens marítimas pioneiras, conquistando terras e enriquecendo-se nesse processo. Entre todos os países europeus, Portugal se destacou nas grandes navegações, chegando ao Brasil em 1500 porque:

a) desde que era uma colônia romana, era conhecido pelos seus navegadores e pela busca por novas terras.
b) situa-se próximo à Espanha, sendo possível entrar em contato com os navegadores espanhóis e seu conhecimento da existência da América.
c) era a nação com o maior exército da Europa no século XV e podia investir grandes valores em navegações para conquistar novas terras.
d) contava com uma localização geográfica privilegiada, conhecimento adquirido de viagens marítimas de longa duração e capital.
e) havia iniciado uma revolução científica nesse período, expulsando religiosos cristãos de seus territórios.

3. Ao chegarem à América, os europeus se depararam com um continente que já era habitado por seres humanos há muito tempo. Nesse contato, os europeus:
   a) reconheceram a humanidade dessas pessoas, evitando estereótipos ou preconceitos.
   b) apresentavam uma visão contraditória, em que o nativo americano ora era desumanizado, ora era visto em uma condição angelical.
   c) evitaram ter qualquer julgamento relacionado aos indígenas, pois compreendiam que não havia nenhum elemento para isso.
   d) observaram que os povos nativos americanos tinham um desenvolvimento tecnológico superior ao que pensavam.
   e) iniciaram um estudo sobre a evolução das espécies.

4. Sobre o continente africano e especialmente a África Atlântica nos séculos XV e XVI, assinale a alternativa correta:
   a) O continente africano era formado por reinos e nações. Os europeus conheciam superficialmente tal continente.
   b) Era o continente mais rico e desenvolvido do globo, reconhecido pelas suas conquistas militares.
   c) Era dominado por tribos primitivas sem conhecimento de metalurgia ou agricultura.
   d) Seus reinos enviaram navegações até a Europa no século XV, iniciando as grandes navegações.
   e) Os habitantes desse continente não mantiveram contato com os europeus, mas sim com os árabes.

5. A relação estabelecida entre a Europa e a Ásia foi muito diferente daquela desenvolvida entre a Europa e a América. Sobre o contato dos europeus com os asiáticos, assinale a alternativa correta:
   a) A Ásia foi facilmente conquistada pelos europeus, que iniciaram o processo de colonização da região no século XVI.
   b) Os europeus interessavam-se pela Ásia porque nessa região havia ouro e pau-brasil em abundância.
   c) A Ásia era um continente rico, onde eram encontradas as especiarias. Os europeus não conquistaram grandes territórios na Ásia, e só estabeleceram feitorias com a permissão dos nativos.
   d) A Ásia era uma região sem nenhum atrativo para os europeus, pois não havia pessoas escravizadas para serem vendidas.
   e) Para os europeus, o continente asiático representava um perigo militar, dada a invasão dos hunos.

Atividades de aprendizagem

Questões para reflexão

1. Como os meios de comunicação da sociedade brasileira contemporânea retratam os povos indígenas descendentes dos nativos das terras americanas?

2. Quais são as permanências históricas do preconceito aos povos africanos que persistem no mundo atual?

3. Como a escravidão dos povos africanos influenciou na formação do Brasil e que impacto essa instituição teve na história de nosso país?

Atividade aplicada: prática

1. Assista ao filme *A Missão*, que retrata as experiências dos jesuítas no Brasil.

MISSÃO, A. Direção: Roland Joffé. Reino Unido: Warner Bros, 1986. 126 min.

Observe os elementos retratados no filme que podem ser associados com o texto deste capítulo. Identifique como os indígenas eram vistos pelos europeus durante o período histórico, segundo a narrativa do filme.

Capítulo 3
O Estado absolutista

No Dicionário Houaiss (2009), a palavra *absolutismo* tem as seguintes acepções: "1. sistema político de governo em que os dirigentes assumem poderes sem limitações ou restrições. 2. qualquer forma de despotismo ou tirania". Será que os governantes da Europa, durante o período medieval e especialmente durante os séculos XVI a XVIII se encaixam todos nessa descrição? A resposta é negativa. O absolutismo não foi um sistema político tão abrangente nem mesmo na Europa. Em países como Portugal e Inglaterra, é questionável se houve ou não absolutismo. Além das fronteiras europeias, isso é ainda menos evidente. De qualquer modo, vale investigarmos mais esse sistema.

(3.1)
O ABSOLUTISMO

A principal característica do absolutismo está associada à **sacralização da figura do monarca**. Essa sacralização, ou seja, a figura do rei como sagrada ou santa, não era essencialmente inovadora na legitimação do poder. Basta lembrarmos que, na Roma Antiga, os Césares eram revestidos de uma aura divina, mais próxima dos deuses do que dos homens comuns. Júlio César (100 a.C.-44 a.C.), considerado um ditador pelo Senado Romano, afirmava ser descendente de Vênus, por exemplo. Certamente, essa atitude parece estranha aos nossos olhos contemporâneos, similar a um político afirmar ser descendente de Jesus ou Buda. Contudo, o que importa é compreendermos a mensagem da sacralização: César não era um mero homem, era especial, merecendo naturalmente sua posição de liderança.

Figura 3.1 – Estátua de Júlio César, imperador romano, nos Jardins das Tulherias, Paris.

Muito distante dos reis europeus, os faraós egípcios também eram considerados deuses. Menos distante, na Constantinopla medieval, herdeira cultural de Roma e Grécia antigas, a adoração aos reis chegou a um patamar difícil de ser superado no mundo Ocidental. Segundo Martin (2014, p. 279), referindo-se ao governo de Justiniano (483-565), imperador do Império Bizantino:

> *Os vários problemas que ameaçavam seu regime geraram uma ânsia por estabilidade em Justiniano e, em resposta, ele aumentou a natureza abertamente autocrática do governo e enfatizou a sua proximidade a Deus.*

Para promover o primeiro objetivo, por exemplo, obrigava os senadores a se ajoelharem e beijarem seu calçado [...]. mandou que os artistas imperiais recriassem de modo brilhante os símbolos do governo estável em um contexto cristão.

Logo, a sacralização do rei não era, em si, um aspecto novo do absolutismo europeu. Mesmo não sendo uma novidade, a sacralização do soberano chegou a seu auge neste período histórico: do século XVI até o XVIII, especialmente na França – sendo este país o modelo clássico de absolutismo com o Rei Luís XIV (1638-1715), conhecido como Rei Sol.

É inquestionável o papel que a **Igreja Católica** e a religião cristã tiveram na construção de um ideal absolutista. Ela era a única instituição que passava por todas as fronteiras europeias, fomentando e resolvendo todas as formas de conflitos políticos. Podia decretar que uma pessoa estaria banida do céu pela excomunhão. Sem seu apoio e sua legitimidade, os reis europeus teriam dificuldade de se afirmar "sagrados" ou "mais próximos" de Deus do que um mero camponês.

Há uma ironia histórica na conexão entre a religião cristã (não apenas a católica) e o apoio de sua liderança (como os bispos) à crença na divindade dos reis: os cristãos primitivos, nos séculos iniciais do cristianismo, lutaram abertamente contra a adoração dos imperadores romanos, taxando essa prática de *idolatria* – um pecado, conectado à ideia de adorar falsos deuses. Um dos motivos que levaram os cristãos a serem perseguidos e mortos pelos soldados romanos era a negação em adorar os imperadores romanos tal qual deuses.

Gibbon (1737-1794), historiador erudito e responsável por uma obra clássica sobre a Queda do Império Romano, observa que o cristão, durante a existência do Império Romano, recusava o mundo pagão, buscando uma atitude de reserva à idolatria:

> *Mesmo as artes da música e da pintura, da eloquência e da poesia tinham a mesma origem impura. Na linguagem dos pais da Igreja, Apolo e as Musas eram os órgãos do espírito infernal, Homero e Virgílio, seus servos mais eminentes, e a bela mitologia que impregnava e animava as composições de seu gênio visava tão só a celebrar a glória dos demônios.*
> (Gibbon, 2012, p. 25)

Devemos observar que, quando os antigos romanos ainda adoravam seus deuses (hoje chamados de *mitológicos*), os cristãos não tinham acesso ao poder, formavam um grupo marginal e excluído da sociedade. Uma vez conquistada sua supremacia, estabelecendo-se a religião cristã como a única verdadeira, eles recorreram ao velho discurso que unia alguns poucos homens escolhidos (normalmente da aristocracia) a Deus. Eis aí a ironia: a religião cristã nasceu da negação entre a diferença dos homens, para posteriormente utilizar o mesmo discurso de origem pagã.

Para legitimar essa linguagem política, em que o rei era um ser humano diferente dos outros, era necessário criar uma forma de **distinção social**. Novamente, o caso mais extremo foi o de Luís XIV. Sua imagem pública deveria ser cuidadosamente trabalhada, apontando sua capacidade de domínio e negando qualquer tipo de fraqueza. Foi em sua corte que o salto alto se tornou uma ferramenta útil para os homens que queriam ganhar alguns centímetros – a altura representava poder e a baixa estatura era inaceitável para alguém com tanto poder quanto ele. O historiador Paulo Miceli (2013, p. 104) afirma:

> *Para perpetuar-se no poder, a imagem de Luís XIV deveria manter-se sempre viva, atraindo olhares e sentimentos sob as mais variadas formas, seja nas esculturas de bronze ou pedra, seja nas reproduções em cera, moedas, medalhas ou nas óperas, balés, livros, poemas, rituais de corte e nos mais variados espetáculos públicos a ele dedicados [...].*

A obra do historiador inglês Peter Burke (1937-), *A fabricação do rei* (1994), apresenta uma detalhada análise dos elementos constituintes da imagem e do poder simbólico de Luís XIV – compreendido pelos especialistas como o modelo de um governo absolutista. Tudo o que aparece em sua representação (Figura 3.2) – a postura, a indumentária – contribui para fortalecer o poder do soberano francês.

Figura 3.2 – *Retrato de Luís XIV*, de Hyacinthe Rigaud

RIGAUD, H. **Retrato de Luís XIV**. 1701. Óleo sobre tela: color.; 2,77 × 1,94 m.
Museu do Louvre, Paris, França.

O absolutismo está associado a seus teóricos: o bispo Jacques Bossuet (1627-1704), na França; Thomas Hobbes (1588-1679), na Inglaterra; e Nicolau Maquiavel (1469-1527), na Itália. Ressalvamos que esses intelectuais apresentavam ideias antagônicas entre si e não eram unânimes sobre os reis serem mensageiros divinos (Maquiavel era um republicano, e não um monarquista como Hobbes). No entanto, todos clamavam por uma busca similar, conectada a outra característica do absolutismo: a **centralização do poder em um homem apenas**, que deve ser associada à unificação dos Estados modernos na Europa desse período, ocorrida em Portugal, Espanha, Inglaterra e França.

> Não podemos confundir conceitos como *absolutismo* com *ditadura militar* ou *totalitarismo*. O rei não tinha direito de fazer tudo o que bem lhe conviesse. Havia uma burocracia que o amparava para governar, servindo como intermediária entre o soberano e o restante da sociedade. Sem contar a aristocracia, que formava sua corte.

Se hoje a Europa é formada por países com fronteiras bem delimitadas (o Estado-nação), isso se deve à vitória (muitas vezes militar) do soberano-rei e da derrota e diminuição do poder dos antigos proprietários de grandes terras, descendentes da descentralização territorial que se seguiu ao final do Império Romano Ocidental no século V. Em outras palavras, o soberano só conseguiu se firmar negando o poder dos antigos senhores de terra. O soberano era aquele que representava a própria nação e sua unidade política: um sistema único de leis, conectado a uma burocracia e a um exército – todos mantidos com o recolhimento de impostos.

Mas o poder do soberano era ilimitado? Novamente, a resposta é negativa. Não podemos confundir conceitos como *absolutismo* com *ditadura militar* ou *totalitarismo*. O rei não tinha direito de fazer tudo o que bem lhe conviesse. Havia uma burocracia que o amparava para governar, servindo como intermediária entre o soberano e o restante da sociedade. Sem contar a aristocracia, que formava sua corte. No caso britânico, o rei teve de governar com o auxílio do Parlamento, o que impedia a formação de um governo que centralizasse todas as decisões em uma pessoa.

> *Não devemos esquecer, todavia, que esse poder não era absoluto, no sentido de que não era ilimitado. Nenhum rei absoluto reinava sozinho, ou ditava arbitrariamente a lei, sem qualquer controle por parte da sociedade. Tal poder, embora centralizado e forte, em geral era limitado pela tradição, pelos costumes, quando não pela existência de parlamentos e ministros com poder de decisão.* (Silva; Silva, 2010, p. 13)

Do ponto de vista econômico, foi durante o absolutismo que a **burguesia** iniciou o seu longo processo de dominação sobre o restante da sociedade que culminaria nas Revoluções Inglesa (século XVII) e Francesa (1789-1799). Contudo, quem financiava a ascensão da burguesia era o Estado-nação, estabelecendo monopólios e privilégios a essa classe. Empreitadas comerciais de porte, como as **grandes navegações** eram inconcebíveis sem a ajuda dos reis e de seu capital.

Obviamente, os reis não financiavam esses empreendimentos por filantropia ou por fé. Interessava aos reis, dos pontos de vista religioso e bélico, que houvesse uma classe de comerciantes ricos em sua nação, estabelecendo colônias ou feitorias em diversas regiões do globo, expandido a influência de sua corte e garantindo riquezas para o Estado. Uma classe de comerciantes significava maior poder à própria monarquia.

A aristocracia ainda tinha um papel fundamental, pois controlava diretamente as terras (maior fonte de riqueza em uma sociedade rural) e indiretamente os camponeses, trabalhadores que viviam em condições de miséria extrema. Por essa razão o absolutismo é compreendido como uma etapa inicial entre o feudalismo e a modernidade capitalista.

> No caso da monarquia nacional, isso significa que ela não pôde assumir, desde o início, um caráter burguês – já que essa classe ainda **não era** –, nem manter-se alinhada à nobreza – uma força social que **já fora** e estava condenada à ruína ou à adaptação aos novos tempos; [...]. (Miceli, 2013, p. 96, grifos do original)

Nesse contexto, aquilo que chamamos de *grandes navegações* ou *expansão marítima* foi uma das consequências da centralização do poder na Europa e da busca da burguesia mercantil por novas rotas e terras. A história das terras americanas está interligada com o Estado absolutista e sua busca por riquezas.

(3.2)
A CORTE E A SOCIEDADE DO ANTIGO REGIME

Não foi apenas em empreendimentos de grande risco, como as navegações, que a monarquia investiu seu capital – originário dos impostos recolhidos das pessoas mais pobres, como os camponeses. Dependendo do país, o excedente de riqueza possibilitou à classe aristocrática uma vida de luxo e distanciamento das classes mais pobres, até mesmo da burguesia ascendente. Como dito, o rei absolutista não governava sozinho – havia o apoio de uma aristocracia. Essa sociedade formada apenas pela elite é conhecida como *corte*.

A corte era um espaço de distinção social e extravagância. Novamente, o modelo de uma sociedade cortesã é a França no período de Luís XIV a Luís XVI (1754-1793). O primeiro foi quem projetou e idealizou o símbolo maior da vida aristocrática, que representaria a corte por quase um século: o **Palácio de Versalhes** (Figuras 3.3 e 3.4). O local foi escolhido pela sua distância de Paris, o que evitava o contato do rei com a população mais pobre da capital. O segundo, casado com Maria Antonieta (1755-1793), buscou continuar a tradição de seus antepassados, até que a Revolução Francesa (1789-1799) destituiu boa parte da elite francesa do poder e conduziu o rei e a rainha para a guilhotina.

Figura 3.3 – *Bird's Eye View of Versailles*, de Pierre Patel

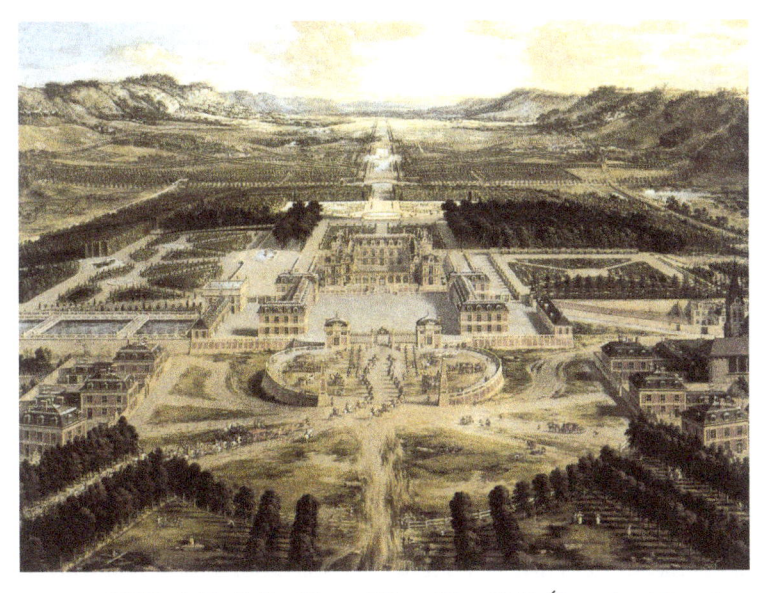

PATEL, P. **Bird's Eye View of Versailles**. 1668. Óleo sobre tela: color.; 115 × 161 cm. Museu Nacional do Palácio de Versalhes, França.

Figura 3.4 – Jardim do Palácio de Versalhes

Petr Kovalenkov/Shutterstock

A corte não deve ser separada do processo histórico ao qual estamos nos referindo: a expansão da civilização europeia no resto do mundo.

> *A riqueza que passava pelo tesouro das Coroas aumentava, significativamente, por conta da exploração colonial das minas e produtos naturais do Novo Mundo, pelo comércio com o Oriente e pelo tráfico de escravos africanos. Observe-se que, ao afirmar anteriormente que a riqueza passava pelos cofres das monarquias, não o fiz por descuido. É que parte considerável dela, dificilmente contabilizável, mas certamente significativa, destinava-se a sustentar o dispendioso parasitismo da vida de corte e o luxo suntuoso e festivo dos salões palacianos, sem contar a manutenção da burocracia administrativa e jurídica [...].* (Miceli, 2013, p. 98)

Devemos ter o cuidado de não generalizarmos a corte a todos os países da Europa. Portugal contava com sua própria corte, como ficou evidente na fuga ao Brasil em 1808, mas há uma grande diferença:

a francesa era a mais rica, a maior em número de pessoas e com uma capacidade de influenciar os costumes de todo o continente.

A principal mudança ocasionada pelo desejo de separar o mundo da elite daquele dos outros segmentos da sociedade do Antigo Regime foi a compreensão de que a etiqueta (o comportamento cotidiano do indivíduo) deveria ser determinada por uma série de regras muito bem definidas. Sendo as regras aceitas pela elite, elas logo eram consideradas o padrão de qualquer pessoa civilizada e deveriam ser imitadas por todos aqueles que quisessem ser aceitos na corte. Assim, a principal característica da vida na corte era a **busca pela distinção social** no modo de falar, no uso dos trajes e na forma de se alimentar.

Nesse contexto, por exemplo, teve início a tradição de comer sopa com colher, em vez de garfo – como era feito pelas pessoas mais pobres. As sopas medievais eram mais grossas que as modernas, e era natural que fossem comidas com garfos, como qualquer outro alimento. Todavia, com a introdução da etiqueta aristocrática, a colher ganhou outro papel: símbolo do bom comportamento à mesa, utilizada apenas pelas pessoas mais distintas.

Se hoje consideramos o uso de guardanapos, de vários talheres (ou em um caso mais extremo, não assoarmos o nariz no pano da mesa de jantar) como algo normal, isso se deve a uma mudança de atitude desencadeada pela busca de um costume mais civilizado (leia-se: *diferente da plebe*) das cortes europeias nesse período histórico, entre os séculos XVI e XVIII. A importância da etiqueta aristocrática está conectada com o estilo de vida das classes dominantes medievais: banquetes, festas, teatro e outros símbolos da boa vida. Como observa o sociólogo alemão Norbert Elias (1897-1990), há um aspecto autoritário, típico de uma sociedade que desconhece o diálogo entre pessoas de classes diferentes na formação dos "bons costumes":

> *Um pequeno círculo de pessoas é bem versado nessa delicadeza de linguagem. Falar como elas é igual a falar corretamente. O que os outros dizem não conta. Os juízos de valor são apodíticos. Qualquer razão além de "Nós, a elite, falamos assim e só nós temos sensibilidade para a língua" não é necessária nem conhecida. [...] Em outras palavras, dentre todos os argumentos racionais que poderiam ser apresentados para a escolha de expressões, o argumento social, de que algo é melhor porque é usado pela classe alta, ou mesmo por apenas uma elite dela, é sem dúvida o mais importante.* (Elias, 1990, p. 120-121)

A novidade da sociedade de corte – mais restritiva e comedida nas ações que tolera – é também destacada por Castan, Lebrun e Chartier (2009, p. 29):

> *o Estado do tipo novo, desenvolvido na Europa entre o final da Idade Média e o século XVII, institui um modo inédito de ser em sociedade, caracterizado pelo controle mais severo das pulsões, pelo domínio mais seguro das emoções, pelo senso mais elevado do pudor.*

Os autores apontam uma clara distinção entre os atos e gestos que são permitidos no círculo público e os que são destinados ao ambiente privado, evidenciando um novo traço desse grupo social:

> *Assim ocorre, logicamente com diferenças e defasagens conforme os diversos ambientes, com a nudez, o sono, a satisfação das necessidades naturais ou o ato sexual, estendendo-se a proibição aos discursos passíveis de nomear as funções que devem permanecer secretas ou as partes do corpo que se tornaram vergonhosas. Exteriorizada numa estrita distinção dos comportamentos e dos espaços, essa clivagem está presente nos próprios indivíduos. Os dispositivos psíquicos que asseguram o controle permanente*

> *das pulsões, que automaticamente inserem cada conduta na esfera pública ou privada à qual pertence, instalam no íntimo de cada um as disciplinas exigidas pela norma social, transformando assim as restrições impostas de fora pelas autoridades ou pela comunidade numa cerrada rede de autorrestrições.* (Castan; Lebrun; Chartier, 2009, p. 29)

Mas esse era o mundo de uma parcela ínfima da sociedade europeia, historicamente conhecida pela sua desigualdade. E as pessoas que compunham os estratos restantes da sociedade, como viviam? Certamente, essas pessoas não frequentavam banquetes, salões e festas luxuosas.

Em uma sociedade pré-industrial, a principal fonte de riqueza era a terra. E em torno dela vigorava a estrutura hierárquica senhores × camponeses, sendo os últimos a parcela dominante em termos quantitativos, mas sem representatividade política alguma para lutar por seus possíveis interesses e direitos.

Assim, enquanto houve mudanças políticas e econômicas que marcaram o Antigo Regime, socialmente as distinções entre os grupos tornaram-se mais discrepantes. Aqueles que compunham a plebe ainda mantinham laços de dependência com a terra e com os senhores desta, e várias das cobranças e obrigações que recaíam sobre esse grupo desde a Idade Média se mantiveram com pouca alteração.

António Manuel Hespanha (2006, p. 122), ao escrever sobre a mobilidade na sociedade do Antigo Regime, afirmou:

> *Não creio ter encontrado nunca, numa fonte histórica da Época Moderna, uma referência à "mobilidade social". Pelo menos, nunca a encontrei com este sentido atual de algo de natural ou, menos ainda, de benéfico. [...]*

[...] Não quero com isto dizer que a situação (econômica, social, cultural) das pessoas não mudasse, para melhor ou para pior. Quero antes sugerir que isto: a) quase não se via; b) pouco se esperava; c) e mal se desejava.

O autor ainda ressalta a importância da atuação dos reis nesse contexto:

> Neste mundo social indisponível, ossificado e de mudanças lentas e prefixadas, a mobilidade social não podia resultar nem da vontade, nem de mudanças instantâneas. Só o tempo, a vontade traduzida em obras adequadas e a riqueza honestamente adquirida podiam modificar a ordem social estabelecida e prescrita, quando podiam. No entanto, existia a possibilidade de mudanças dramáticas, não inscritas na ordem do mundo, alterando prodigiosamente os equilíbrios estabelecidos, provenientes de manifestações livres da vontade. [...]
>
> [...] Estes milagres de engenharia social e política, quando não cabem a Deus, cabem aos seus vigários no mundo – os reis, cuja graça é um aspecto menos recordado das suas capacidades taumatúrgicas. Por meio da graça, eles operam autênticos milagres sociais e políticos: legitimam filhos bastardos, enobrecem peões, emancipam filhos, perdoam criminosos, atribuem bens e recursos. (Hespanha, 2006, p. 138-139)

A estrutura que marcou o Antigo Regime, especialmente em seu caráter político, recebeu apoio de diversos teóricos que debatiam sobre a função do Estado e do soberano, argumentando a favor da centralização política. A seguir, conheceremos as ideias de dois deles, Maquiavel e Hobbes.

(3.3)
NICOLAU MAQUIAVEL: *O PRÍNCIPE*

Nicolau Maquiavel (1469-1527) é um raro intelectual que conseguiu uma proeza conquistada somente por grandes literatos e cientistas políticos: seu nome se transformou em um adjetivo. Quando falamos, em nosso cotidiano, que alguém é *maquiavélico*, estamos fazendo um julgamento moral, indicando a possibilidade de essa pessoa estar conspirando, normalmente de maneira dissimulada e manipuladora, para atingir seus objetivos.

Figura 3.5 – *Retrato de Nicolau Maquiavel*, de Santi di Tito

TITO, S. di. **Retrato de Nicolau Maquiavel**. ca. século XVI. Óleo sobre tela: color.; 104 × 85 cm. Palazzo Vecchio (Piazza della Signoria), Florença, Itália.

A compreensão do pensamento de Maquiavel passa pelo conhecimento que se tem do contexto do autor e da obra produzida por ele. Há alguns pontos importantes: em primeiro lugar, o autor escreveu *O Príncipe* no exílio, pois, na condição de cidadão de Florença, lutou (e foi derrotado) pela manutenção de um governo republicano na cidade, em negação aos valores monárquicos dominantes da época. Logo, não deixa de ser uma grande ironia que um republicano como Maquiavel seja conhecido por uma obra destinada à regência de um príncipe.

Em segundo lugar, devemos observar que a Itália, como a conhecemos hoje, não existia na época. Apenas em 1870, depois de uma série de conflitos e guerras, a Itália moderna conseguiu se unificar – mais de 300 anos depois da principal publicação do autor. A Itália de Maquiavel era mais parecida com uma colcha de retalhos, onde vários principados e cidades competiam, conspiravam e guerreavam entre si. Observe o mapa:

Mapa 3.1 – Península Itálica no século XVI

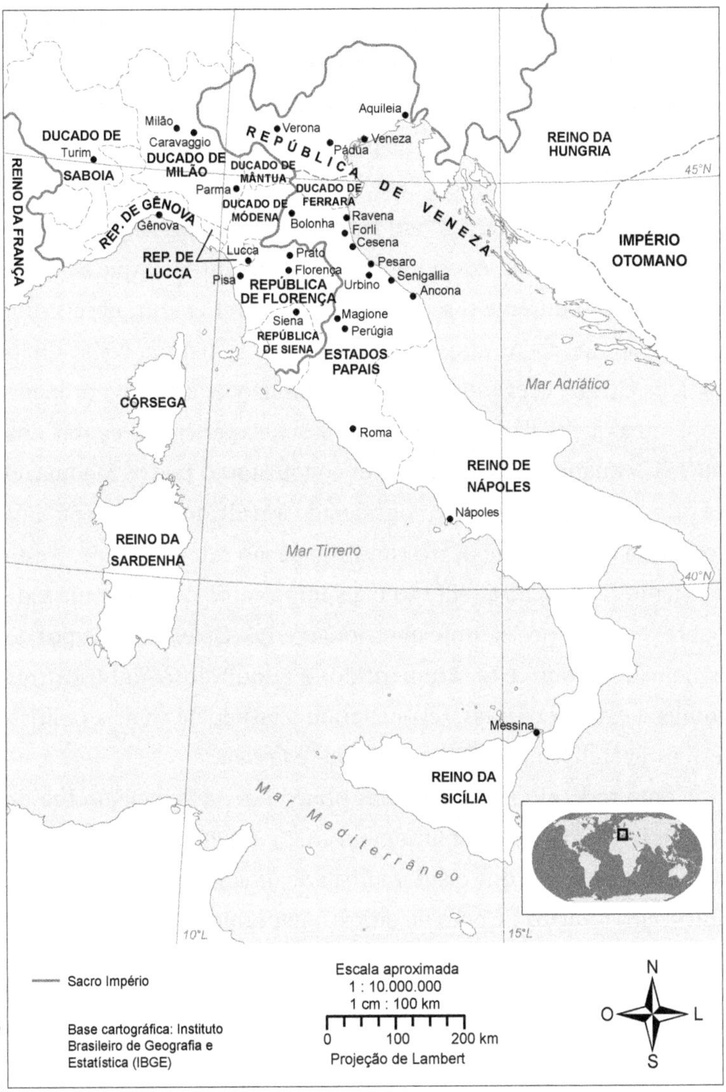

João Miguel A. Moreira

Fonte: Adaptado de Maquiavel, 2010, p. 9.

A fragmentação política da Itália é um dos pontos essenciais para a compreensão da obra de Maquiavel. Devemos observar que uma obra pertence não apenas ao seu tempo, mas também a sua região. Maquiavel era um habitante de Florença, cidade cosmopolita conhecida como a grande referência do pensamento humanista e conectada diretamente aos valores do Renascimento. Mas esse era o aspecto positivo da vida intelectual em Florença. O aspecto negativo eram as constantes guerras, conspirações e divisões internas que a cidade experimentou durante o século XV. Maquiavel era um observador privilegiado de todas essas questões, afinal, trabalhou como diplomata da cidade, chegando a visitar várias nações e reinos europeus.

Com a queda da cidade e o fim de sua experiência republicana em 1512, quando a família Médici conquistou o poder, Maquiavel foi preso e torturado – sendo considerado um aliado fiel da República florentina – e não teve outro caminho senão sair da cidade. Nesse momento teve início a reflexão mais importante de toda a sua vida e obra, pautada no seguinte questionamento: Quais são os tipos de principados, como eles são mantidos e adquiridos? Ao buscar responder a essas perguntas, revolucionou o estudo da ciência política, ressignificando conceitos como *virtude* e *fortuna*.

Como todo autor célebre, mas pouco lido, a principal obra de Maquiavel, *O Príncipe* (publicado em 1532), é conhecida por um trecho inexistente, em que o autor afirmaria, literalmente, que "os fins justificam os meios". Como veremos, o pensamento de Maquiavel é mais complexo (e contraditório) que tal afirmação.

A preocupação do autor não era legitimar a violência em si, mas produzir respostas que não fossem meramente teóricas ou utópicas. Por isso, iniciou um longo estudo dos clássicos gregos e romanos, além da biografia de personagens históricos, como Alexandre, o Grande. Deu ênfase também a políticos contemporâneos seus, como César

Bórgia. Em uma exposição clara de sua problemática central, afirmou em *O Príncipe*:

> *sendo minha intenção escrever coisas que sejam úteis a quem se interesse, pareceu-me mais conveniente ir direto à verdade efetiva da coisa que à imaginação em torno dela. E não foram poucos os que imaginaram repúblicas e principados que nunca se viram nem se verificaram na realidade.*
>
> *Todavia a distância entre o como se vive e o como se deveria viver é tão grande que quem deixa o que se faz pelo que se deveria fazer contribui rapidamente para a própria ruína e compromete sua preservação: porque o homem que quiser ser bom em todos os aspectos terminará arruinado entre tantos que não são bons.* (Maquiavel, 2010, p. 97)

Há vários pontos dessa citação que necessitam ser explorados cuidadosamente para a melhor compreensão da relevância do autor:

- Existe uma divisão muito clara entre a imaginação e a verdade efetiva. Era com esta última que Maquiavel se preocupava. Logo, sua obra não cria um reino ilusório, como Platão fez em *A República*, ou Thomas Morus em *Utopia*. Ao contrário, sua obra faz referência a homens e cidades que existiram, tentando encontrar "lições" desses acontecimentos.

- Não entender que há uma diferença entre a imaginação e a verdade efetiva é um dos principais equívocos dos intelectuais que o precederam – aqueles que imaginaram principados que nunca se viram na realidade. Como Maquiavel afirma, se o príncipe fosse bom o tempo inteiro, homens maus se aproveitariam dessa situação para derrubá-lo, e seus meios seriam os piores possíveis.

- A ruína de um reino ou principado é uma preocupação central em Maquiavel. Ao analisar a verdade efetiva, seu objetivo era buscar a permanência e a estabilidade do príncipe. Não à toa a manutenção do poder era tão vital ao autor. Devemos nos recordar ainda da tragédia pessoal que foi a ele a derrota de Florença.

Ao iniciar essa problemática, Maquiavel **retirou o aspecto moralista da ciência política**. A criação de um mundo fictício, em que os homens públicos seriam honestos e puros, poderia ser muito interessante como narrativa que nunca iria se concretizar; mas, para o estudo das relações de poder entre homens de sua época, havia a realidade crua, em que matar, roubar e trair era a normalidade. Pior: essa realidade era muito eficiente para a manutenção do poder também. Quentin Skinner (1940-), estudioso erudito do autor comenta que: "[...] vemos Maquiavel claramente preocupado em desferir um ataque às teorias políticas de seus contemporâneos. Primeiro, ele as denuncia por não conseguirem enfatizar a importância da força bruta na vida política" (Skinner, 2009, p. 150). Afinal, Maquiavel adotava uma concepção pessimista da natureza humana. Para ele, os homens seriam "ingratos, volúveis, fingidos e dissimulados, avessos ao perigo, ávidos de ganhos" (Maquiavel, 2010, p. 102).

Por essa razão, Maquiavel acabou ganhando a fama equivocada que o acompanha desde então: alguém que acreditava que os fins justificariam os meios. Não é bem assim. Maquiavel deixa claro a todos seu modo de compreender a violência. Em determinado momento de *O Príncipe*, afirma que "A crueldade bem empregada – se é lícito falar bem do mal – é aquela que se faz de uma só vez, por necessidade de segurança; depois não se deve perseverar nela, mas convertê-la no máximo de benefício para os súditos" (Maquiavel, 2010, p. 76).

Em suma, a violência não deve ser desconsiderada, ou evitada como algo sempre maligno. Ela é parte inseparável da vida em sociedade – ao menos no tempo de Maquiavel – tendo por finalidade a manutenção da segurança dos habitantes de uma cidade ou região;

há, porém, o entendimento de que a violência em si não é necessariamente boa.

Além de criticar o aspecto moralista das obras de sua época, Maquiavel deu novo tratamento a dois conceitos: o de *virtù* (virtude) e de *fortuna* (sorte). De acordo com a tradição cristã, ser uma pessoa virtuosa está associado a conceitos como piedade, honestidade, obediência a Deus, impossibilidade de cometer homicídio etc. Em Maquiavel, *virtù* não deve ser compreendida desse modo.

Devemos salientar a importância dada pelo autor à necessidade de manter a segurança de um principado, acima de tudo. Por essa lógica, o príncipe virtuoso não poderia estar preso a um senso de moral cristã. Reiteramos que, para Maquiavel, se um príncipe praticasse apenas o bem, homens maus venceriam, valendo-se de métodos cruéis. Logo, ao príncipe caberia fazer todo o necessário (mentir, trair, conspirar, matar e afins) para manter seus cidadãos em segurança.

> *Maquiavel utilizará o conceito de* virtù *simplesmente para se referir a todo o conjunto de qualidades, sejam elas quais forem, cuja aquisição o príncipe possa achar necessária a fim de "manter seu estado" e "realizar grandes feitos". [...] Mas não deixa de ser verdade que Maquiavel espera que aqueles que tenham mais elevada a* virtù *sejam capazes, quando a situação assim o exigir, de se conduzir de maneira absolutamente viciosa. Pois a condição do príncipe é tal que a* virtù *jamais pode excluir o vício.*
> (Skinner, 2009, p. 159)

Recordemos que Maquiavel escreveu em um momento em que a Igreja Católica ainda detinha grande influência na sociedade europeia como um todo, especialmente na Itália, na Espanha e em Portugal. Ele nunca chegou a ser perseguido pela Igreja por suas ideias, mas elas certamente causaram estranhamento e confronto com o ideal pregado pela cristandade. Não é difícil compreender, mesmo sendo injusto com sua obra e vida, o porquê de seu sobrenome ser associado a algo tão maligno. Ser *maquiavélico* é ser cruel, mentiroso, capaz de qualquer coisa para se manter no poder.

O grande equívoco dessa apropriação das teses de Maquiavel é ignorar por completo o motivo de o diplomata florentino ter dado tanta ênfase à violência: em um mundo violento, a melhor maneira de manter a segurança de um reino era aceitar essa lógica – os homens são maus – e incorporá-la na condução dos negócios. Como ele afirma: "[...] sem dispor de armas próprias nenhum principado estará seguro, ao contrário, estará inteiramente à mercê da fortuna, não tendo virtude que o defenda com fé nas adversidades [...]" (Maquiavel, 2010, p. 94).

Assim, o questionamento mais célebre de Maquiavel deve ser lido não como uma apologia da violência, mas como uma observação realista das relações entre príncipes e súditos: O que é melhor, ser amado ou temido? Você poderia responder que o ideal é ser amado e temido. No entanto, para Maquiavel (2010, p. 102) e sua crença em uma natureza humana má, só caberia uma resposta: "o amor é mantido por um vínculo de reconhecimento, mas, como os homens são maus, se aproveitam da primeira ocasião para rompê-lo em benefício próprio, ao passo que o temor é mantido pelo medo da punição, o qual não esmorece nunca."

> Assim, o questionamento mais célebre de Maquiavel deve ser lido não como uma apologia da violência, mas como uma observação realista das relações entre príncipes e súditos: O que é melhor, ser amado ou temido?

Mas ao príncipe não caberia apenas uma prática virtuosa. Ele também teria de contar com o auxílio (ou falta de auxílio) da deusa Fortuna, que distribuía suas benesses aleatoriamente (Figura 3.6). Maquiavel buscou nos deuses pagãos romanos a linguagem para expressar sua crença de que a vida pública dependia não apenas de um planejamento racional, mas do acaso e da sorte. Esse é o significado de *fortuna* em Maquiavel: sorte e acaso que o ato de viver representa.

Figura 3.6 – *Fortuna*, de Taddeo Kuntze

KUNTZE, T. **Fortuna**. 1754. Óleo sobre tela: color.; 114 × 163 cm.
Museu Nacional de Varsóvia, Varsóvia, Polônia.

Entretanto, não podemos cair em uma análise dualista: virtude e fortuna são complementares, não opostas. Segundo o autor, em referência à trajetória de Moisés, Ciro, Rômulo e Teseu,

> *Examinando suas ações e suas vidas, vê-se que eles não tiveram da fortuna outra coisa senão a ocasião, a qual lhes forneceu matéria para moldá-la segundo a forma que lhes pareceu melhor; e, sem essa ocasião, a virtude de seus espíritos se extinguiria, assim como, sem a virtude, a ocasião teria sido vã.* (Maquiavel, 2010, p. 63)

Desse modo, a própria ocasião, o momento histórico, é a fortuna de um personagem histórico, como os citados. Por outro lado, a ocasião só se transforma em fortuna quando o líder demonstra ter a virtude necessária e possível para alcançar a glória. Como Maquiavel nota, a Fortuna era uma mulher e, como mulher (lembre-se que ele escreveu em um momento histórico em que a mulher não era vista como um indivíduo livre, independente e autônomo), devia ser submetida aos poderes do homem audacioso.

(3.4)
Thomas Hobbes:
A LIBERDADE, A IGUALDADE E O PODER

A principal problemática (mas não a única) do filósofo Thomas Hobbes (1588-1679), autor de *O Leviatã*[1], pode ser sumarizada da seguinte forma: a liberdade e a igualdade, em seus estados puros, são boas ou más para os indivíduos? Nesse contexto, se todos fossem livres para fazer tudo o que desejassem, a vida em sociedade seria possível? E se todos fôssemos iguais? A questão fica mais complexa se você imaginar que a liberdade ilimitada seria expandida a todos os habitantes de uma cidade ou nação. Como seria habitar essa nação?

O termo *igualdade* normalmente é associado a algo bom, a um ideal pelo qual todos devem lutar. Entretanto, a constatação de Hobbes é que a igualdade pode também significar a **guerra de todos contra todos**. Tal afirmação pode parecer exagerada para os leitores contemporâneos, mas para um habitante da Europa (e da Inglaterra) do século XVII não era. Afinal, guerras (muitas de caráter religioso)

---

1 *Leviatã é originalmente descrito na Bíblia como um monstro marinho. No texto de Hobbes, o Leviatã é o próprio Estado, formado pelo corpo social que abdica individualmente de sua liberdade pela atuação do governo legítimo.*

eram extremamente comuns nesse período. Assim como Maquiavel observou que a fragmentação do poder na Itália teve um efeito nefasto para suas cidades, Hobbes viu na ausência de um poder central o surgimento de uma guerra civil.

Figura 3.7 – *Thomas Hobbes*, de John Michael Wright

WRIGHT, J. M. **Thomas Hobbes**. 1669-1670. Reprod.: color.; 75,6 × 64,1 cm, em óleo sobre tela. National Portrait Gallery, Londres, Inglaterra.

O conceito de que Hobbes se vale para descrever como seria a liberdade e a igualdade em seus estados mais abrangentes é o de **estado de natureza** – um período de caos, em que não há uma organização política, instituição ou homem (como um monarca) capaz de deter a agressão e a violência natural de um momento em que não há leis (contratos) estabelecidas.

Como metáfora, pense em um estado de guerra de todos contra todos, uma sociedade na qual o Estado não existe, e a polícia e o Poder Judiciário não cumprem seu papel de vigilância e punição. Como seria o cotidiano nesse local? Para Hobbes, o indivíduo se sentiria acuado, e atacar o outro faria todo o sentido, pois seria impossível conhecer as reais intenções de cada um. Sem uma distinção de poder, em que um homem tenha mais autoridade do que outro, a sociedade seria incapaz de viver um período de relativa paz.

Em outras palavras, a igualdade entre os indivíduos levaria à anarquia, ao passo que a separação entre soberano (rei, rainha) e súditos (todo o restante da sociedade) traria a possibilidade de ordem, evitando a guerra civil. Hobbes é irônico ao comentar que bastaria o sujeito analisar seus próprios sentimentos para descobrir o perigo constante que outra pessoa representa para sua existência: todos trancam suas casas quando vão dormir, mesmo sabendo da existência da polícia.

Por isso, Hobbes enfatiza a relevância de se escolher um soberano que controle todos os indivíduos. Notemos que, ao escolher um líder, a igualdade política entre as pessoas deixa de existir, visto que apenas uma detém o poder. E ao deter esse poder, a guerra entre todos os indivíduos cessa. O conceito de *liberdade* ganha nesse momento um novo sentido, diferente do atual: liberdade se torna um direito de o Estado governar sem oposição alguma.

Além disso, a divisão da sociedade entre aqueles que mandam (soberano) e os que obedecem (súditos) é extrema na visão do autor. Uma vez feito um contrato entre os indivíduos e escolhido aquele a quem cabe governar para impedir o retorno da guerra de todos contra todos, o súdito não tem mais o direito de desobedecer a nenhuma ordem que venha do soberano – mas desde que este lhe dê proteção.

Caso o soberano seja incapaz de cumprir esse dever, o súdito tem todo o direito de confrontar o rei, inclusive com uso de violência. Façamos a ressalva de que isso não é um apelo à revolução, similar ao que aconteceu na Revolução Francesa (1789-1799). Hobbes faz uma observação individual: a pessoa (e apenas ela) que não receber a proteção do soberano tem todo o direito à revolta, o que não significa que outras pessoas, protegidas pelo rei, tenham o dever e a possibilidade de se unirem ao desprotegido.

O filósofo distingue dois conceitos: **direito de natureza** e **lei de natureza**. O primeiro está associado à defesa (atacar o outro, pois não há lei nem autoridade); e o segundo, à busca da paz, assim que o acordo foi firmado entre os homens, aceitando a divisão da sociedade entre soberano e súditos. Assim como Maquiavel, Hobbes não usa meias-palavras para descrever a importância da violência em um Estado. Para ele, sem o uso da violência, "o uso da espada", o direito de natureza não passaria de palavras ao vento, sem capacidade de se impor aos homens, desejosos de vingança, de glória e da propriedade alheia.

Em suma, para Hobbes, o Estado, com toda sua violência, é uma necessidade. Ele tem como principal objetivo a proteção de seus súditos – cabendo aos últimos manter uma relação de respeito e obediência ao rei – impedindo o retorno da guerra de todos contra todos, o **estado de natureza**. A importância de Hobbes reside na justificação racional que ele apresenta à **necessidade de organização política**. Outros autores também buscavam justificar o poder soberano, mas o faziam por meio de razões religiosas. Portanto, sem recorrer a nenhum argumento religioso, Hobbes faz a mais contundente justificativa da conveniência de um poder político absoluto.

Síntese

Neste capítulo, analisamos o absolutismo, que teve seu auge entre os séculos XVI e XVIII, especialmente na França. A principal característica desse regime é a sacralização da figura do rei, que deixou de ser reconhecido como um homem comum para se transformar em uma figura divina, mais próximo de Deus do que seus súditos – fato que ocorreu a partir da unificação dos Estados modernos e da centralização política na figura real. Nesse contexto, houve uma mudança no estilo de vida da corte europeia (elite aristocrática), com a adoção da etiqueta como distinção social.

Também comentamos que, naquele momento, foi imprescindível a elaboração teórica a favor do Estado fortalecido e do soberano absoluto, destacando-se dois autores no quadro teórico político moderno. O primeiro foi Maquiavel, que deu ênfase à violência e à luta pelo poder em sua análise histórica, mudando por completo o entendimento do que seria um rei ou príncipe virtuoso. Já Hobbes considerava que os seres humanos necessitavam de um poder legítimo (o Leviatã) que os impediria de retornarem a seu estado de natureza, em que a guerra de todos contra todos seria a regra.

Indicações culturais

Livro

LE GOFF, J. **Para uma outra Idade Média:** tempo, trabalho e cultura no Ocidente. Tradução de Thiago de Abreu e Lima Florêncio e Noéli Correia de Melo Sobrinho. Petrópolis: Vozes, 2013.

Na obra, Jacques Le Goff faz uma análise das relações entre as diferentes classes da Idade Média, dando ênfase ao conceito de *trabalho* e *cultura* na Europa.

Filme

MARIA ANTONIETA. Direção: Sofia Coppola. EUA; França; Japão: Columbia Pictures, 2006. 122 min.

O longa retrata a vida da corte francesa durante o reinado de Luís XVI, expondo o luxo da elite aristocrática, em contradição com a miséria e fome da maioria da população.

Atividades de autoavaliação

1. É correto definir o absolutismo como:
   a) governo militar, em que um general detém o poder supremo, governando com o auxílio do parlamento.
   b) forma de governo marcada pela sacralização da figura do rei.
   c) governo de uma elite aristocrática, em que a cada quatro anos era escolhido um primeiro-ministro.
   d) forma de governo típica de Portugal do século XX.
   e) primeira forma de governo que aceitou os valores de igualdade, liberdade e fraternidade.

2. A sociedade europeia era marcada pela desigualdade entre seus segmentos sociais (rei, clero, aristocracia, burgueses e camponeses). Para marcar sua distinção social em relação ao restante da sociedade, a elite do Antigo Regime passou a usar:
   a) roupas caras, normalmente de seda.
   b) cavalos e espadas.
   c) etiqueta.
   d) o latim como língua oficial.
   e) sapatos.

3. A maioria da população europeia era composta por homens e mulheres que viviam da agricultura. Sobre os camponeses, é correto afirmar que:
   a) se relacionavam com seus senhores pelo sistema de colonato.
   b) formavam o extrato médio da sociedade medieval.
   c) eram os donos de terras e comercializavam com os burgueses.
   d) tinham direitos iguais aos de seus senhores.
   e) se organizavam em guildas.

4. É correto afirmar que Maquiavel:
   a) defendia que, para se manter no poder, um príncipe deveria ser bom a seus súditos.
   b) acreditava que os reis eram mensageiros de Deus na Terra e, por isso, seus poderes deveriam ser ilimitados.
   c) era um monarquista, que buscou defender a ditadura dos príncipes italianos como forma de governo universal.
   d) considerava que a violência deveria ser levada em conta na política, pois era importante na manutenção do poder.
   e) analisou a importância da democracia em Atenas, aprendendo as lições morais dessa cidade.

5. Qual o sentido do conceito de *estado de natureza* em Hobbes e como isso se relaciona com sua defesa de um governante absolutista?
   a) Hobbes via no estado de natureza a guerra entre todos os homens; por isso, acreditava que o poder deveria ser relegado a apenas uma pessoa.

b) Hobbes via no estado de natureza o comunismo primitivo, em que todos seriam iguais a todos, cabendo ao governante absolutista determinar a partilha de bens.

c) Hobbes via no estado de natureza a luta entre os indígenas brasileiros e os europeus, representados pelo sistema absolutista.

d) Hobbes via no estado de natureza a irmandade entre homens e mulheres, antes do surgimento da monarquia.

e) Hobbes via no estado de natureza a luta entre homens, com o objetivo de acabar com a monarquia.

Atividades de aprendizagem

Questões para reflexão

1. A crença de que os fins justificam os meios ainda está presente em nosso cotidiano? Justifique sua resposta apontando exemplos.

2. Sem uma forma de governo autoritária, a humanidade pode coexistir de forma pacífica? Justifique sua resposta.

3. Qual a maneira que a elite econômica brasileira utiliza para se distinguir dos mais pobres atualmente?

Atividade aplicada: prática

1. Considere as principais características do absolutismo e as teorias de Maquiavel e Hobbes e as relacione com o contexto histórico de ambos os autores. No papel de professor, prepare uma sequência didática com os temas do capítulo, tendo como público alunos do Ensino Médio.

Capítulo 4
O Renascimento e a Reforma Religiosa

Neste capítulo, apresentaremos dois importantes eventos da história europeia, bem como as respectivas implicações e consequências: o Renascimento e a Reforma Religiosa. É correto afirmar que ambos não apenas mudaram os panoramas cultural, social e político europeu, mas também foram propiciados por conjunturas específicas que, até certo ponto, colocavam em xeque os valores e as premissas do medievo.

Nesse sentido, a ideia de Deus e da religião cristã no centro da vida cotidiana, ainda que não esquecida, progressivamente deu lugar a uma visão e a um entendimento de mundo que privilegiam o ser humano, suas capacidades, criações e interferências no mundo ao seu redor. Tais mudanças na percepção da realidade causaram um impacto inquestionável (e irrefreável) à Europa e, consequentemente, ao mundo.

(4.1)
O RENASCIMENTO

O Renascimento[1] foi um movimento ocorrido na Europa, sendo popularmente associado a uma retomada cultural e a uma ruptura

---

[1] *O uso do termo* Renascimento *é controverso e questionado por muitos historiadores, que acreditam que seu sentido original, ligado às artes e à cultura, não abarca todas as transformações do período. Entretanto, o vocábulo manteve-se nos estudos desses historiadores (como Delumeau), e será mantido nesta obra. Ainda assim, vale lembrarmos a observação do historiador Peter Burke (1997, p. 15) sobre o uso dessa designação: "Alguns espíritos mais audazes [...] descobriram renascimentos fora da Europa ocidental [...]. 'Ao usar o termo* Renascimento *como nome próprio, deixamo-nos cair no erro de ver como única a ocorrência de um acontecimento que na realidade não foi mais do que uma instância particular de um fenômeno histórico que é recorrente'. A expressão 'não foi mais do que' reduz um movimento complexo a um dos seus traços, o revivalismo da Antiguidade, e corre o risco de atribuir igual significado a vários movimentos de maior ou menor originalidade e importância nas suas respectivas culturas. [...] Cada revivalismo teve as suas características específicas [...]". Burke, assim, mostra preocupação em apontar a existência do que seriam diversos* Renascimentos, *movimentos de retomada ou renovação que ocorreram em diferentes partes do mundo.*

com a ordem estabelecida anteriormente, a saber, a predominância religiosa sobre o cotidiano presente no feudalismo. Por muito tempo, a Idade Média foi associada a um período de "trevas" e de atraso. Em oposição a isso, organizou-se uma sociedade voltada para o conhecimento, a ciência, a descoberta e o encantamento com o universo e o mundo ao seu redor.

Cada vez mais, porém, os historiadores refutam esse entendimento sobre o período renascentista para compreendê-lo como um momento em que houve, de fato, **rupturas** e **permanências** em relação ao medievo. A Idade Média é balizada entre os séculos V e XV, tendo ficado convencido que o ano 1453 indica seu fim, com a tomada de Constantinopla pelos turcos otomanos. Entretanto, na prática, sabemos que as mudanças não ocorrem de um dia para outro, e embora usemos esse ano como uma baliza temporal, é preciso entender que a Idade Média é um evento de longa duração e que seus elementos arrefecem ou prolongam-se no tempo e nas práticas das pessoas. Dessa forma, devemos considerar o período que engloba o fim da Idade Média e o começo da Idade Moderna principalmente como uma fase de transição, em que alguns valores permaneceram, enquanto outros foram postos em xeque e repensados.

O Renascimento tem suas origens – ou melhor, é produto dos movimentos ocorridos – ainda na Europa medieval ocidental, especialmente com a retomada dos centros urbanos e o crescimento da prática capitalista em oposição às trocas feudais, a partir do século XII.

O contexto histórico do Renascimento está associado à crise do Feudalismo e ao surgimento do Capitalismo na Europa ocidental no século XIV. Essa crise histórica se manifestou tanto nos campos econômicos, políticos e sociais quanto nos intelectual e cultural. O Renascimento, o Humanismo e a Reforma foram expressões dessa crise, da necessidade que os grupos sociais então em ascensão tinham para explicar seu papel no Universo sem recorrer às explicações católicas e feudais, representantes de uma ordem que contestavam. (Silva; Silva, 2010, p. 359)

O Renascimento pode ser situado, então, como um movimento ocorrido entre os séculos XIV e XVI[2], por meio do qual os indivíduos – especialmente aqueles ligados à burguesia nascente – deixaram de atuar apenas com base nas premissas da Igreja Católica e em uma visão religiosa de mundo para analisar a realidade que os cercava e nela interferir, criando novas concepções de mundo.

Todavia, nem só em progresso e desenvolvimento baseou-se a Renascença. É preciso lembrar que esse foi o período em que ocorreram as navegações e a consequente escravização de um grande contingente africano levado para a América. A distância entre os ricos e os pobres na Europa aumentou e o pensamento científico dividiu espaço com o medo de seres marinhos e crenças em animais mitológicos. Foi o momento em que a Europa Ocidental passou por grande transformação e agitação, sendo levada, como define Delumeau (1994), a um "salto adiante".

Nas próximas páginas, abordaremos alguns dos aspectos do Renascimento que permitiram que esse salto acontecesse.

---

2 Baliza temporal que pode ser alargada, como fez Delumeau em A civilização do Renascimento, *ao situar o período entre os séculos XIII e XVII.*

4.1.1 A PRODUÇÃO RENASCENTISTA

O epicentro do movimento renascentista foi a Itália, em razão de ser este o local mais urbanizado da Europa no período, contando com grande atividade comercial. Diferentemente de outras localidades europeias, a Itália não vivenciou o feudalismo em seus aspectos clássicos e contava ainda com a fragmentação política e territorial[3], o que permitia a disputa política entre diferentes principados. Esse contexto favoreceu o fomento do comércio e da arte na região italiana, especialmente porque o patrocínio aos artistas era uma maneira de, por exemplo, evidenciar o poder de um príncipe.

Outro ponto de destaque é que o movimento renascentista contou com uma retomada de elementos da Antiguidade Clássica (especialmente concernente a pinturas e outras produções culturais e artísticas), tida como um momento de grande exponencial humano – ainda que elementos medievais não tenham sido totalmente suplantados pela arte produzida no período. De qualquer forma, nas esculturas e pinturas, entre outras expressões artísticas, foi retomada a estética grega e romana, buscando-se a perfeição dos corpos reproduzidos e retratados. Isso ocorreu não pela retomada desses elementos por si só, mas porque estavam a serviço de uma nova forma de observar, reproduzir e entender o mundo. Nesse sentido, a expressão artística renascentista não "copiou" o que fora produzido por gregos e romanos, mas utilizou algumas de suas técnicas e premissas para a produção de algo novo e condizente com as questões que se colocavam no período de transição para a Modernidade. Como explica Umberto Eco (2010, p. 178, grifos do original), em *História da beleza*,

---

3 Os italianos unificariam seu território apenas no século XIX.

*O conhecimento do mundo visível torna-se meio para o conhecimento de uma realidade suprassensível ordenada segundo regras logicamente coerentes. O artista é, portanto, ao mesmo tempo – e sem que isso pareça contraditório – **criador** de novidade e **imitador** da natureza.*

Como afirma com clareza Leonardo da Vinci, a imitação é, de um lado, estudo e inventiva que permanece fiel à natureza porque recria a integração de cada figura com o elemento natural e, de outro, atividade que também exige inovação técnica (como a célebre esfumatura leonardesca, que torna enigmática a Beleza dos rostos femininos) e não apenas passiva repetição das formas.

Assim, o Renascimento testemunhou um grande desenvolvimento de diversas áreas do saber e o surgimento de nomes de destaque, que promoveram mudanças em suas áreas de atuação.

As **artes** tiveram enorme ganho com o desenvolvimento de saberes referentes à anatomia e à matemática, assim como às técnicas de representação da perspectiva e ao uso de contrastes nas pinturas. Entre os nomes importantes do período (e reconhecidos até hoje) estão Leonardo da Vinci (1452-1519), Michelangelo Buonarroti (1475-1564), Jan van Eyck (1390-1441) e Rafael Sanzio (1483-1520). É válido destacar que os Países Baixos apresentaram uma produção artística tão intensa quanto a italiana nesse período.

A obra *Os Embaixadores* (Figura 4.1), produzida pelo pintor alemão Hans Holbein, o Moço (1497-1543) é um dos exemplos da arte renascentista. Notemos que os dois homens da pintura são retratados em um ambiente com diversos elementos que remetem à ideia de conhecimento e cultura: globo terrestre, alaúde, instrumentos científicos e livros.

Figura 4.1 – *Os embaixadores*, de Hans Holbein, o Moço

HOLBEIN, H. (o Moço). **Os embaixadores**. 1533. Óleo sobre tela: color.; 207 × 210 cm. National Gallery, Londres, Inglaterra.

A **produção literária e filosófica** do período também foi significativa, com nomes como o de Erasmo de Rotterdam (1466-1536). O autor de *Elogio à loucura* foi um dos grandes escritores a criticar a Igreja, afirmando que esta se mantinha presa à escolástica medieval. William Shakespeare (1564-1616) também pode ser associado ao período, com obras que causaram grande impacto na literatura e nas representações teatrais. Peças como *Hamlet*, *A megera domada*, *Macbeth* e *Sonhos de uma noite de verão* são (re)interpretadas até hoje e amplamente conhecidas pelo público, mesmo por meio de adaptações. François Rabelais (1494-1553) e Miguel de Cervantes (1547-1616) também são autores de destaque da época.

Outro nome importante nas letras é o de Thomas More (ou Thomas Morus; 1478-1535). Seu livro *Utopia* inaugurou a literatura utópica, influenciando mais tarde autores como Jonathan Swift (1667-1745) e Denis Diderot (1713-1784) (e até obras mais atuais, utópicas ou distópicas, como *Matrix* e *Blade Runner*). More (2004) usou de uma história ficcional para narrar a vida perfeita existente na ilha de Utopia – em oposição à Inglaterra, país no qual vivia e que criticava por meio de sua escrita. Ao descrever uma localidade em que imperava a justiça, a igualdade e a tolerância religiosa, More (2004) visava evidenciar e ressaltar todos os problemas presentes entre os ingleses. O Renascimento, portanto, também se prestava a uma análise crítica sobre a realidade produzida pelos próprios homens.

A **ciência** também se beneficiou com a atuação dos renascentistas. É possível afirmarmos que foi operada uma verdadeira revolução (a chamada *Revolução Científica*[4]) nos conhecimentos da época com a contribuição de homens como Nicolau Copérnico (1473-1543), Giordano Bruno (1548-1600), Galileu Galilei (1564-1642) e Johannes Kepler (1571-1630).

Com Copérnico, por exemplo, confirmou-se a validade da teoria heliocêntrica[5], que defendia a centralidade do Sol no Universo, ao contrário do geocentrismo medieval, que pregava a centralidade da Terra. Galilei aprofundou as considerações de Copérnico, elaborando novas conclusões sobre os astros e os planetas. Essas observações, cabe

---

4 Burke (1997) afirma que, com a Revolução Científica, o interesse pela Antiguidade diminuiu entre os renascentistas. O autor defende que, com as descobertas físicas e astronômicas, a prevalência do passado foi derrubada. Por isso, o momento Descartes-Galileu (1620-1630) seria visto como o fim do Renascimento.

5 Optamos por falar em comprovação ao citarmos Copérnico porque, vale lembrar, o grego Aristarco de Samos (310 a.C.-230 a.C.) foi o primeiro indivíduo a defender o heliocentrismo.

ressaltarmos, foram repudiadas pela Igreja, que condenou Galileu a viver nas masmorras do Santo Ofício por suas afirmações sobre o heliocentrismo. Galileu foi obrigado pela Igreja Católica a renegar publicamente as ideias que defendia. A Igreja também condenou Giordano Bruno à morte na fogueira por heresia.

Ainda assim, é preciso reiterar que o Renascimento também deve foi um momento de contradições e de mudanças em diversos aspectos, não devendo ser reduzido à sua produção intelectual.

Nunca no passado da Humanidade tinham surgido tantas invenções em tão pouco tempo. Pois o Renascimento foi, especialmente, progresso técnico; deu ao homem do Ocidente maior domínio sobre um mundo mais bem conhecido. Ensinou-lhe a atravessar os oceanos, a fabricar ferro fundido, a servir-se das armas de fogo, a contar as horas com um motor, a imprimir, a utilizar dia a dia a letra de câmbio e o seguro marítimo.

Ao mesmo tempo – progresso espiritual paralelo ao progresso material –, iniciou a libertação do indivíduo ao tirá-lo do seu anonimato medieval e começando a desembaraçá-lo das limitações coletivas. [...] Mas falar apenas da descoberta do Homem é dizer muito pouco. A historiografia recente demonstrou que o Renascimento foi também descoberta da criança, da família, no sentido estrito da palavra, do casamento e da esposa. A civilização ocidental fez-se então menos antifeminista, menos hostil ao amor no lar, mais sensível à fragilidade e à delicadeza da criança.
(Delumeau, 1994, p. 23)

O terceiro volume da coleção *História da vida privada* – dedicado ao período que se estende da Renascença ao Século das Luzes – corrobora a afirmação de Delumeau ao evidenciar mudanças sociais no período, como a passagem da coletividade tão presente na Idade Média para uma invenção do sujeito, ou seja, uma vivência que passa a comportar também o indivíduo, a solidão, o silêncio, a vivência em primeira pessoa. A difusão da escrita a partir do século XIV igualmente ajudou a fomentar esse quadro. Dessa forma, em plena Idade Moderna,

Outra forma de vida cotidiana invade o espaço social, tendendo pouco a pouco, em todas as classes sociais, a concentrar todas as manifestações da vida privada. A família muda de sentido. Já não é, ou não é apenas, uma unidade econômica, a cuja reprodução tudo deve ser sacrificado. Já não é uma prisão para os indivíduos que só podiam encontrar liberdade fora da família, domínio feminino. Tende a tornar-se o que nunca havia sido: lugar de refúgio onde se escapa dos olhares de fora, lugar de afetividade onde se estabelecem relações de sentimento entre o casal e os filhos, lugar de atenção à infância (bom ou mau). (Ariès, 2009, p. 20)

4.1.2 A RELAÇÃO ENTRE OS RENASCENTISTAS E A IGREJA CATÓLICA

Afirmar que o Renascimento foi o momento em que os indivíduos romperam com a visão da Igreja Católica na forma de interpretar o mundo, significa que houve um rompimento definitivo dessas pessoas com a Igreja como um todo?

Na verdade, não. Afirmar que o Renascimento foi contra a religião ou que foi um período puramente científico e racional é errôneo. Isso porque, no mesmo contexto, houve a reação da Igreja Católica, a Reforma Religiosa (sobre a qual discorreremos adiante), passando a existir uma religiosidade mais intimista e próxima da realidade dos fiéis. A relação com a religião não deixa de existir, ela apenas se modifica.

Vale acrescentarmos que diversos artistas (especialmente na Itália), como Michelangelo, produziram obras encomendadas pela Igreja

Católica, pois esta era um dos mais importantes mecenas do período. Uma das imagens mais conhecidas de Michelangelo (Figura 4.2), *A criação de Adão* (1511), foi criada sob encomenda da Igreja Católica para adornar o teto da Capela Sistina, localizada no Vaticano.

Figura 4.2 – *A criação de Adão*, de Michelangelo

MICHELANGELO. **A criação de Adão**. 1510. Afresco: color.; 280 × 570 cm.
Capela Sistina, Vaticano.

Esse foi um período intenso, em que a Igreja agiu para preservar seu poder, inclusive com a forte atuação da Inquisição (na Idade Moderna, com destaque para Portugal e Espanha, palcos de forte perseguição religiosa).

4.1.3 Importância do Renascimento

Está claro que o Renascimento não foi um momento exclusivamente de inovação na história humana, pois muitas de suas características já existiam na Idade Média, por exemplo. Além disso, como assinalamos no início deste capítulo, ainda que sempre nos reportemos ao Renascimento da Europa Ocidental, ocorreram movimentos de renovação cultural também em locais como Japão e China. Assim, é possível nos referirmos a "Renascimentos". De qualquer modo, o movimento europeu apresentou suas especificidades, marcadas justamente pela união de elementos novos e antigos, que foram revisitados e questionados pelos indivíduos daquele momento.

E o que representou o Renascimento para a sociedade europeia moderna? Ele não foi apenas uma contestação à visão religiosa sobre o mundo, mas antes uma contestação sobre a forma como o mundo era organizado. Houve uma visão crítica que englobava, além da religião, a política e a maneira como o homem se colocava no mundo. O conhecimento, nesse momento, também sofreu grande expansão, fomentando ciências como física, matemática e astronomia.

Outro ponto importante sobre o Renascimento, apontado por autores como Burke e Delumeau, e a europeização do Ocidente, ou seja, a Renascença foi um momento em que a Europa Ocidental tornou-se a grande referência para o restante do mundo.

[No Renascimento houve] a promoção do Ocidente numa época em que a civilização da Europa ultrapassou, de modo decisivo, as que lhe eram paralelas. No tempo das primeiras cruzadas a técnica e a cultura de Árabes e Chineses igualavam, e suplantavam até, a técnica e a cultura dos Ocidentais. Em 1600 já não era assim. (Delumeau, 1994, p. 20)

Essa europeização – que na História prevaleceu até o século XX – marcou as sociedades que, a partir do período renascentista, entraram em contato com os europeus.

(4.2)
A Reforma de Lutero

Se o Renascimento pode ser visto como o movimento inicial de questionamento do poder da Igreja sobre a vida das pessoas, a Reforma pode ser entendida como o rompimento completo de parte da população europeia com a Igreja romana e seus ditames – ao mesmo tempo que se constatou, na sequência, o aumento do proselitismo (doutrinação) por parte da Igreja Católica. A Reforma deve ser considerada não apenas um evento de caráter religioso, mas também um movimento de implicações políticas, sociais e até econômicas. Como desdobramento, o objetivo dos religiosos católicos de fundar uma Igreja universal é ameaçado, sendo substituído pela busca por novos fiéis, que são encontrados no além-mar, a partir do movimento contrarreformista. Falar da Reforma Religiosa, movimento de questionamento e rompimento com a Igreja Católica promovido por Martinho Lutero (1483-1546), teólogo de origem germânica, implica entender o contexto que, em primeiro lugar, gerou o descontentamento do então monge agostiniano.

> Enquanto se afirmavam as nações da Europa, tal como o princípio e a realidade da monarquia absoluta, enquanto as viagens e conquistas de além-mar transformavam as correntes e o ritmo da economia e a arte e a cultura – graças ao melhor conhecimento da Antiguidade e também à maior atenção prestada ao mundo exterior e a técnicas mais seguras – se orientavam para percorrer novos caminhos, como não havia a mutação geral da sociedade, agora mais ativa, mais urbanizada e mais instruída, mais laica do que nos séculos XII e XIII, de atingir em profundidade a própria religião – uma religião que informava toda a vida quotidiana e

que penetrava no coração de cada um? No meio de pestes terríveis, de repetidas guerras e de aflitivas lutas civis, numa Europa Ocidental e Central abalada por brutais reviravoltas da conjuntura econômica, a Igreja de Cristo parecia navegar à deriva para o abismo. (Delumeau, 1994, p. 121)

Tradicionalmente, a Reforma é explicada em seu aspecto moral sobre os representantes da Igreja: na época em que ocorreu o rompimento de Lutero com Roma, a Igreja já passava por uma série de questionamentos por parte de teólogos e outros estudiosos, que não aceitavam a distância entre a pregação cristã e a vivência da Palavra por parte de membros da instituição. De fato, era comum que religiosos mantivessem relações sexuais, por exemplo, e alguns até casavam-se, ainda que a prática fosse proibida. A venda de indulgências também era recorrente, com a promessa de garantia de salvação da alma para quem as adquirisse. Na verdade, a partir dos eventos ocorridos no século XIV[6], houve uma tendência cada vez maior de alguns religiosos voltarem-se para uma vivência religiosa mais pura e obediente às Escrituras. Entretanto, o que se via era exatamente o oposto por parte de membros da Igreja, especialmente os do alto escalão, que viviam na opulência.

> Na verdade, a partir dos eventos ocorridos no século XIV, houve uma tendência cada vez maior de alguns religiosos voltarem-se para uma vivência religiosa mais pura e obediente às Escrituras. Entretanto, o que se via era exatamente o oposto por parte de membros da Igreja, especialmente os do alto escalão, que viviam na opulência.

---

6 Historicamente, o século XIV é descrito como um momento de crise na história europeia, marcado por guerras, Peste Negra, fome e instabilidade. Nesse contexto, muitos clérigos acreditavam que, a fim de aplacar a ira divina, era preciso seguir da forma mais fiel possível os preceitos religiosos cristãos, ideia que não foi compartilhada por todos os membros da Igreja.

Lutero, por exemplo, foi enviado a Roma em 1517 e lá se deparou com a ação do Papa Leão X, que, a fim de financiar a construção da Basílica de São Pedro, permitiu abertamente a venda de indulgências. Em discordância, o teólogo publicou na porta da catedral de Wittenberg, na atual Alemanha, suas **95 Teses**, em que criticava a Igreja Católica. Entre a publicação das teses e a excomunhão de Lutero passaram-se quatro anos, período durante o qual o religioso publicou mais quatro textos, tidos como fundamentais para a total compreensão das ideias defendidas por ele.

Contudo, muitos historiadores acreditam que o cenário descrito foi insuficiente para explicar as razões que levaram ao rompimento de algumas localidades europeias com o domínio religioso de Roma. O historiador francês Pierre Imbart de La Tour (1860-1925), questionou:

> *Não será evidente que os agravos invocados contra o Catolicismo... são uma explicação insuficiente (da Reforma)? Tirania pontifícia? Mas jamais ela pesara tão suavemente sobre o regime interno dos Estados ou das Igrejas. O grande perigo para a unidade cristã não era mais o excesso de centralização, mas o nascimento do princípio nacional. Abusos do clero?... Mas, em outras épocas, não tinham sido menos clamorosos, nem as reformas menos necessárias. No entanto, os povos haviam permanecido fiéis: o Grande Cisma enfraquecera o respeito, sem destruir a obediência. A revolução intelectual, ela mesma inaugurada pela Renascença, pretendia alterar os métodos da teologia, não os dogmas da religião.* (La Tour, 1904, citado por Delumeau, 1989, p. 268)

A indagação, como demonstrado por Pierre de La Tour, dizia respeito ao motivo pelo qual a Reforma irrompera justo naquele momento; quais teriam sido suas reais motivações? As explicações formuladas foram várias, passando por razões econômicas e sociais.

Autores como Lucien Febvre, porém, ressaltam que a Reforma foi um movimento religioso, em primeiro lugar, sendo necessário situar suas causas nessa mesma área. Assim, Delumeau (1989, p. 271, grifos nossos) conclui que:

> *a pesquisa histórica atual está resolutamente orientada, no que tange à Reforma, para o estudo das doutrinas e de seu relacionamento com a mentalidade das massas do século XVI. A causa principal da Reforma teria sido, em suma, a seguinte: numa época conturbada, que além disso assistia à afirmação do individualismo,* **os fiéis teriam sentido a necessidade de uma teologia mais sólida e mais viva que aquela que lhes era ensinada** *– ou não era ensinada –* **por um clero muitas vezes pouco instruído e rotineiro**, *com excessivos padres serventuários famélicos e incapazes substituindo os curas titulares, eles mesmos insuficientemente formados.*

Instaurou-se, então, uma crise religiosa no fim da Idade Média a partir do momento em que o medievo se apresentava rígido e extremamente organizado em termos religiosos e, no instante seguinte, mostrava-se desorganizado, com uma Igreja mais "frouxa" na aplicação de seus ditames. Nesse sentido, houve um enfraquecimento das certezas teológicas, que abriram brecha para a contestação que se seguiu.

4.2.1 As ideias de Martinho Lutero

O pensamento religioso de Lutero pode ser sintetizado em três ideias principais:

1. salvação pela fé;
2. sacerdócio universal;
3. infalibilidade da Bíblia.

Essas ideias, divulgadas por meio de textos escritos por ele, propagaram-se pela Europa, levando muitos líderes a adotarem-nas. Esmiucemos cada um desses pilares.

A ideia de salvação pela fé[7] contrapunha-se à compra de indulgências: Lutero defendia que a salvação das pessoas ocorria não pelas ações que faziam, mas pela fé em Deus. Com isso, ele tornava as ações humanas ineficientes, pois o importante era a crença do fiel no Senhor. É preciso destacar que, por um lado, o cristianismo defendia a salvação pela fé de maneira coletiva (a toda a Igreja) e, por outro, o protestantismo acreditava que ela ocorria de maneira individual.

Lutero também advogava que todas as pessoas eram ministros ou sacerdotes com a diferença de que aqueles que atuam dentro da Igreja o fazem porque foram escolhidos para ordenar a casa de Deus. O conhecimento religioso que estes detêm, porém, não os faz melhores do que o restante da população. Diminuía-se assim a distância entre aqueles que detinham o conhecimento e os que não o detinham – pois o importante era a fé. Por isso, o líder protestante afirmava haver um sacerdócio universal ou de todos os crentes.

O terceiro pilar do pensamento luterano estava diretamente relacionado a uma invenção que, até então, era recente: a prensa. Lutero acreditava que a verdade acerca da prática e dos credos religiosos se encontrava na Bíblia, por isso era preciso popularizar seu acesso às pessoas. Com a prensa era possível imprimir livros e reproduzi-los a uma velocidade muito maior do que faziam os monges copistas,

---

7   *Na Idade Média, havia duas correntes sobre a salvação eterna: (1) a de Santo Agostinho (354-430), que defendia a predestinação – ou seja, que a fé seria uma graça divina e que por meio dela se alcançaria a salvação –, e (2) a de São Tomás de Aquino (1225-1274), que se baseava no livre-arbítrio e considerava que o cumprimento dos sacramentos poderia auxiliar a obra divina a fim de se chegar à salvação. Entre os membros do clero, o pensamento tomista tornou-se dominante.*

o que auxiliou a proposta luterana. E não só isso: foi o reformador quem primeiro traduziu a Bíblia do latim para o alemão.

> Embora Lutero seja o grande iniciador do movimento da Reforma, ele foi precedido por indivíduos que também criticavam a Igreja, como John Wyclif (Ca. 1328-1384) e Jan Huss (1369-1415). O inglês Wyclif era contra a existência de ordens monásticas e até da própria figura papal e defensor da infalibilidade da Bíblia. Wyclif também traduziu o Novo Testamento para o inglês (ainda que, na época, a obra não se popularizasse pelo alto custo de reprodução). Já Huss, nascido na Boêmia, defendia o sacerdócio universal – e, como resposta da Igreja, foi queimado na fogueira.

As ideias de Lutero forjaram uma verdadeira revolução na Europa. Não só a Igreja Católica foi questionada, como um teólogo rompeu com ela – e ele, mesmo excomungado, continuou propagando suas ideias, que foram amplamente aceitas pelas altas camadas da sociedade, especialmente entre os germânicos.

No caso da Alemanha, as ideias de Lutero tiveram a adesão também de camponeses, que começaram a clamar contra a exploração a que eram submetidos pelos líderes locais. Se Lutero prometia a liberdade das pessoas em relação aos representantes do clero, os camponeses – liderados por Thomas Müntzer (1489-1525) – começavam a se perguntar por que tal ideia não poderia permear outros aspectos da vida. Dessa forma, reivindicaram, então, o fim da servidão, a liberdade de escolha de seus pastores e o uso do dízimo em benefício das aldeias em que moravam, entre outros pontos. Lutero, contando com o apoio dos príncipes germânicos, afirmou que a liberdade que almejavam só podia ser de caráter espiritual – e apoiou a perseguição e a morte dessas pessoas, favorecendo os grupos já privilegiados e a manutenção da servidão camponesa.

Ricardo Selke e Natália Bellos

4.2.2 João Calvino: o segundo patriarca da Reforma

As ideias de Lutero espalharam-se por diversos territórios europeus, como exposto no mapa a seguir.

Mapa 4.1 – A reforma religiosa na Europa (século XVI)

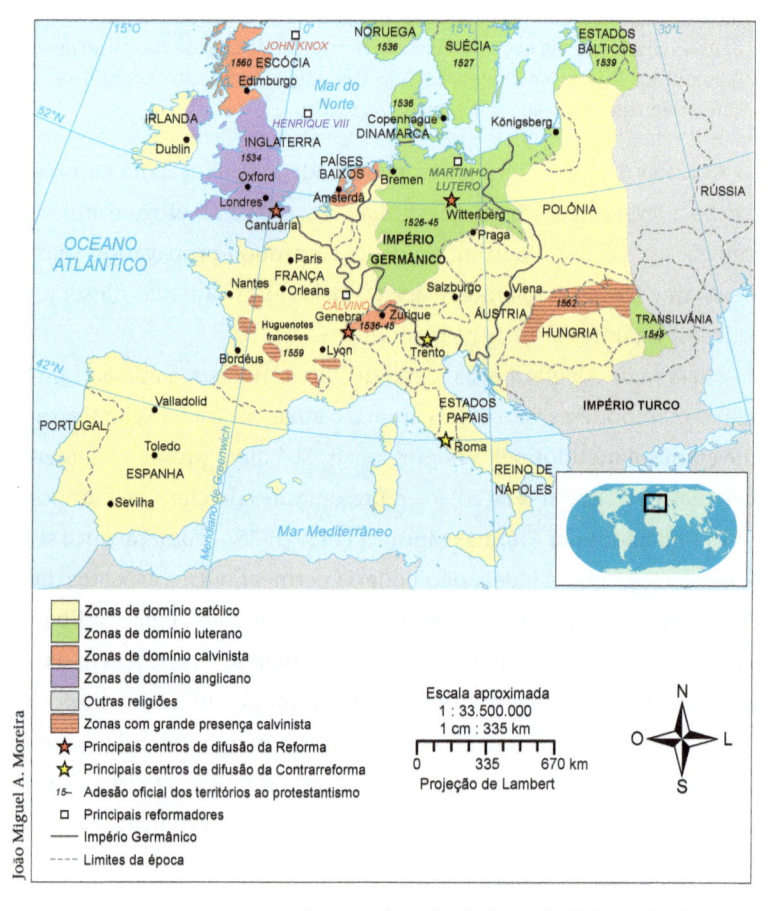

Fonte: Adaptado de Doncel, 2017, tradução nossa.

Entretanto, ele não foi o único nome de destaque da Reforma. O francês João Calvino (1509-1564) também atuou contra a Igreja Católica, reforçando as ideias luteranas de salvação pela fé e de sacerdócio universal. Calvino acreditava que as pessoas eram predestinadas a serem salvas por Deus, porém, diferentemente de Lutero, afirmava que a vida em retidão, voltada ao trabalho, obediente à Bíblia e às normas da comunidade eram indícios de que a pessoa era uma das escolhidas de Deus, pois isso evidenciava a graça divina em operação. Assim, a forma como a pessoa conduzia sua vida não servia para garantir sua salvação (novamente, sob esse ponto de vista, a compra de indulgências perdia sentido), sendo apenas uma prova da fé que já existia e da graça que seria alcançada após a morte. Calvino foi perseguido e refugiou-se na Suíça, onde sua atuação teve ampla repercussão. Suas ideias reformistas também tiveram grande impacto nos Países Baixos. A visão de Calvino foi fundamental para a consolidação capitalista na sociedade.

Outro nome que deve ser lembrado quando tratamos de Reforma Religiosa é o de Henrique VIII, da Inglaterra. Nesse país, de forma diversa dos outros exemplos, a reforma não veio da base ou da população, mas de cima, do próprio rei. Henrique VIII rompeu com Roma quando o papa indeferiu o pedido de anulação de seu casamento com Catarina de Aragão. Contrariando a decisão papal, ele separou-se de sua esposa para assumir matrimônio com Ana Bolena, o que levou não só ao rompimento com o papa, mas à aclamação de Henrique VIII como chefe supremo da Igreja inglesa (chamada *Anglicana*) por meio do Ato de Supremacia de 1534. Com isso, a Igreja Católica perdeu boa parte de seus rendimentos na Inglaterra, pois as terras que estavam sob sua posse foram confiscadas e leiloadas.

(4.3)
A ÉTICA PROTESTANTE

A Reforma teve um impacto que extrapolou o âmbito religioso, exercendo grande influência sobre a economia. No século XIX, diversos pensadores refletiam sobre a organização econômica e social do mundo ocidental, investigando suas particularidades, especialmente diante do desenvolvimento capitalista e industrial. Karl Marx (1818-1883) foi um dos grandes nomes a elaborar uma teoria para explicar a organização social e econômica vigente, baseada na luta de classes e no materialismo histórico.

Outros autores também buscaram uma interpretação original para o tema e, ainda que vários nomes a tenham antecedido, ganha destaque por sua abordagem a obra do sociólogo alemão Max Weber (1864-1920).

Em *A ética protestante e o espírito do capitalismo*, publicada originalmente entre 1904 e 1905, Weber evidencia a relação existente entre a postura religiosa calvinista (e sua teoria da predestinação da fé) e o desenvolvimento da economia capitalista moderna. O autor aponta que as pessoas ligadas à religião protestante ocupavam, em sua maioria, cargos como os de proprietários do capital e postos de trabalho qualificados, ao contrário dos católicos, por exemplo, que ocupavam cargos ligados à educação. Com base nisso, o autor defende que:

> Está claro que a participação dos protestantes na propriedade do capital, na direção e nos postos de trabalho mais elevados das grandes empresas modernas industriais e comerciais, é relativamente mais forte, ou seja, superior à sua porcentagem na população total, e isso se deve em parte a razões históricas que remontam a um passado distante em que a pertença

*a uma confissão religiosa não aparece como **causa** de fenômenos econômicos, mas antes, até certo ponto, como **consequência** deles.* (Weber, 2004, p. 29-30, grifos do original)

A fim de explanar sua teoria, Weber explica o que entende por **capitalismo moderno**, citando algumas máximas de Benjamin Franklin, tido por ele como grande exemplo de capitalista: "Lembra-te que *tempo é dinheiro* [...], Lembra-te que *crédito é dinheiro* [...]; Lembra-te que o dinheiro é *procriador por natureza e fértil* [...]" (Weber, 2004, p. 42-43, grifos do original). Como o autor resume, o que verificamos no capitalismo moderno é "o ser humano em função do ganho como finalidade da vida, não mais o ganho em função do ser humano como meio destinado a satisfazer suas necessidades materiais" (Weber, 2004, p. 46). Tal situação é explicada por Weber, ao afirmar que:

*salta à vista como traço próprio dessa "filosofia da avareza" [...] a ideia do **dever** que tem o indivíduo de se interessar pelo aumento de suas posses como um fim em si mesmo. [Com efeito: aqui não se prega simplesmente uma técnica de vida, mas sim uma "ética" peculiar cuja violação não é tratada apenas como destino, mas como uma espécie de falta com o dever: isso, antes de tudo, é a essência da coisa. O que se ensina aqui não é **apenas** "perspicácia nos negócios" – algo que de resto se encontra com bastante frequência –, mas é um **ethos** que se expressa, e é precisamente nesta qualidade que ele nos interessa.]* (Weber, 2004, p. 45, grifos do original)

Weber (2004) destaca, assim, que, diferentemente de outros momentos da história, o que se percebe no capitalismo então praticado era uma busca de enriquecimento pelo enriquecimento, um ato com fim em si mesmo: objetivo, racional, voltado para o lucro.

Essas características poderiam ser explicadas pela religião, tema para o qual se volta na sequência de *A ética protestante*. O sociólogo alemão aponta que, de todas as religiões reformistas, o **calvinismo** foi aquela que apresentou características que permitiram o moldar do capitalismo moderno, principalmente por meio da ideia da **predestinação da salvação**. Até então, entre os cristãos, os pecados e as faltas poderiam ser remediados por meio das ações (e da compra do perdão). Havia sempre um meio de se obter o perdão das faltas, havia sempre a chance de remissão. Criava-se uma aura em que Deus podia atuar e interferir a favor do crente, mantendo-se a esperança e o mistério do mundo.

Com a ideia de predestinação, tal visão caía por terra. Sem que as ações humanas em si fizessem diferença para a salvação da alma dos fiéis – pois as pessoas eram predestinadas a serem salvas ou não independentemente do que fizessem –, instaurou-se o que o autor chamou de *desencanto do mundo*. Por essa perspectiva, não haveria oportunidade de mudança por meio da ação, ou maneira de se corrigir as condutas inadequadas e obter o perdão. O mundo deixava de ter sua aura mágica, passando a ser racional e objetivo. Era, portanto, a **racionalização do mundo** – um processo de suma importância, uma vez que gerava também um profundo isolamento espiritual das pessoas, que não encontravam mais o alento religioso.

Há, ainda, outro ponto importante a ser percebido com Benjamin Franklin e sua postura ante o **lucro**: este não é mais algo imoral, repudiado ou vergonhoso. Ao contrário, é desejado e bem-visto. O lucro, a usura e a própria acumulação de bens passam a ser bem-vistos na sociedade:

> *se esse Deus, que o puritano vê operando em todas as circunstâncias da vida, indica a um dos seus uma oportunidade de lucro, é que ele tem lá*

suas intenções ao fazer isso. Logo, o cristão de fé tem que seguir esse chamado e aproveitar a oportunidade. *"Se Deus vos indica um caminho no qual, sem dano para vossa alma ou para outrem, **possais ganhar** nos limites da lei mais do que num outro caminho, e vós o rejeitais e seguis o caminho que vai trazer ganho menor, então* **estareis obstando um dos fins do vosso chamamento (calling), estareis vos recusando a ser o administrador de Deus (stewart)** *e a receber os seus dons para poderdes empregá-los para Ele se Ele assim o exigir. [...] A riqueza é reprovável precisamente e somente como tentação de abandonar-se ao ócio, à preguiça e ao pecaminoso gozo da vida, e a ambição de riqueza somente o é quando o que se pretende é poder viver mais tarde sem preocupação e prazerosamente.* (Weber, 2004, p. 148, grifos do original)

E como ocorreu essa mudança? Tal alteração na perspectiva sobre o lucro aconteceu a partir do protestantismo e da ideia de vocação associada ao trabalho. O labor passou a ser uma obrigação em relação a Deus: quem seguia uma vida que se afastava do pecado e se alinhava cada vez mais ao trabalho não estava salvo, mas demonstrava que havia sido agraciado por Deus, que era um dos escolhidos.

Uma questão impunha-se de imediato a cada fiel individualmente e relegava todos os outros interesses a segundo plano: Serei **eu** *um dos eleitos? E como* **eu** *vou poder ter certeza dessa eleição? [...] A comunhão entre Deus e seus escolhidos e a tomada de consciência dessa comunhão só pode se dar pelo fato de Deus neles agir* (operatur*) e eles tomarem consciência disso – pelo fato, portanto, de a ação nascer da fé operada pela graça de Deus e essa fé, por sua vez, ser legitimada pela qualidade dessa ação. [...] Ora, se perguntarmos:* **em quais** *frutos o reformado [o calvinista] é capaz de reconhecer sem sombra de dúvida a justa fé, a resposta será: numa condução da vida pelo cristão que sirva para aumento da* **glória de Deus.** (Weber, 2004, p. 100, 103-104, grifos do original)

Na lógica calvinista, a condução da vida que servisse ao aumento da glória de Deus passava pelo trabalho, entendido, a partir de então, como uma vocação, um sinal da graça divina na vida do fiel.

O calvinismo é, precisamente, a primeira ética cristã que deu ao trabalho um caráter religioso. Anteriormente, o trabalho fazia parte das atividades pertencentes à vida material; ele se impunha porque, de uma forma ou outra, não se podia dispensá-lo; mas, como atividade temporal, nenhuma relação tinha com a salvação eterna ou com a vida espiritual. Para o calvinismo, ao contrário, o trabalho, considerado uma vocação, torna-se atividade religiosa. Importa trabalhar, custe o que custar, haja ou não necessidade de prover seu sustento, porque trabalhar é uma ordem de Deus. (Biéber, 1970, p. 68)

Nesse sentido, "a ética de obtenção de mais e mais dinheiro é combinada com o estrito afastamento de todo gozo espontâneo da vida" (Tragtenberg, 1997, p. 12), combinação que se presta à atuação capitalista: a execução do trabalho feita de maneira cada vez mais racional e revestida de necessidade religiosa, de imperativo de Deus. Desenvolveu-se, dessa forma, o que Weber chama de *conduta de vida ascética*:

> *Em síntese, a tese de Weber afirma que a consideração do trabalho (entendido como vocação constante e sistemática) como o mais alto instrumento de ascese e o mais seguro meio de preservação da redenção da fé e do homem deve ter sido a mais poderosa alavanca da expressão dessa concepção de vida constituída pelo espírito do capitalismo.* (Tragtenberg, 1997, p. 13)

Como resultado dessa **vida ascética**, ou seja, severa e rígida, voltada para o trabalho e sem o apoio do misticismo e do mágico que prevaleceram outrora, homens e mulheres voltaram-se para o labor e para a acumulação de riquezas e de capital (a poupança também passou a ser estimulada sob essa ótica), na construção de uma vivência em que o ócio e o prazer estão condenados, e na qual apenas a ação serve como forma de se glorificar a Deus e entender parte de seus desígnios – pois quem prospera o consegue, acima de tudo, pela graça divina. O trabalho não só glorificava a Deus, mas também garantia que o calvinista não se aproximasse das tentações mundanas da vida. Weber (2004, p. 161), porém, aponta implicações ainda mais profundas que ligam a crença calvinista ao capitalismo:

Com a consciência de estar na plena graça de Deus e ser por ele visivelmente abençoado, o empresário burguês, com a condição de manter-se dentro dos limites da correção formal, de ter sua conduta moral irrepreensível e de não fazer de sua riqueza um uso escandaloso, podia perseguir os seus interesses de lucro e devia fazê-lo. O poder da ascese religiosa, além disso, punha à sua disposição trabalhadores sóbrios, conscienciosos, extraordinariamente eficientes e aferroados ao trabalho como se finalidade de sua vida, querida por Deus. E ainda por cima dava aos trabalhadores a reconfortante certeza de que a repartição desigual dos bens deste mundo era obra toda especial da divina Providência, que, com essas diferenças, do mesmo modo que com a graça restrita [não universalista], visava a fins por nós desconhecidos.

Nesse contexto, a vontade de Deus justificava a prosperidade daqueles que controlavam a produção e o infortúnio daqueles que cediam sua mão de obra para o trabalho e não obtinham a mesma riqueza. Por isso, conclui Weber (2004, p. 162-163, grifos do original) que:

O trabalho leal, ainda que mal remunerado, da parte daqueles a quem a vida não facultou outras possibilidades, era algo extremamente aprazível a Deus. [...] a ascese protestante [...] produziu para essa norma **exclusivamente aquilo que importava** para sua eficácia, isto é, o **estímulo** psicológico, quando concebeu esse trabalho como **vocação** profissional, como o meio ótimo, muitas vezes como o **único** meio, de uma pessoa se certificar do estado de graça. E, por outro lado, legalizou a exploração dessa disposição específica para o trabalho quando interpretou a atividade lucrativa do empresário também como "vocação profissional".

É assim que esse autor explica os contornos do capitalismo moderno e sua imbricação com a esfera religiosa, muito diferente do que ocorria na Idade Média católica, por exemplo.

> Weber (2004) demonstra não só como o trabalho e os ganhos que se obtêm a partir dele eram positivos e desejados, mas também como a sociedade aos poucos voltou-se para esse ideal ascético protestante, afastando-se da ótica mística medieval para assumir o traço racionalista da Idade Moderna e extrapolá-lo ao âmbito econômico. Fica evidente, também, como essa mudança de perspectiva permitiu o crescimento do capitalismo e a submissão de diversas pessoas a essa estrutura econômica.

Todos os fatores citados ajudam a entender por que o calvinismo encontrou espaço tão prontamente em alguns lugares da Europa, como na Suíça, na Escócia, na Holanda e até mesmo na França.

(4.4)
A Contrarreforma

Considere o seguinte excerto do livro *O queijo e os vermes*, do historiador italiano Carlo Ginzburg (1939-):

> [...] nas discussões com seus conterrâneos Menocchio fazia afirmações muito mais impetuosas: "Quem é esse tal de Deus? É uma traição da Escritura, que o inventou para nos enganar; se fosse Deus se mostraria";

"Quem é que vocês pensam que seja Deus? Deus não é nada além de um pequeno sopro e tudo o mais que o homem imagina"; "O que é o Espírito Santo? [...] Não se vê esse tal de Espírito Santo". *No entanto, quando lhe repetiram essas palavras durante o processo, Menocchio exclamou indignado: "Nunca se encontrará quem afirme que eu tenha dito que o Espírito Santo não existe, pelo contrário, minha maior fé neste mundo está justamente no Espírito Santo e na palavra do altíssimo Deus que ilumina o mundo todo".* (Ginzburg, 2006, p. 112)

Nesse trecho, registra-se o processo pelo qual passou "um moleiro friulano – Domenico Scandella, conhecido por Menocchio – queimado por ordem do Santo Ofício, depois de uma vida transcorrida em total anonimato" (Ginzburg, 2006, p. 11), sob acusação de ser herege. Esse fragmento, que assinala algumas das ideias das quais Menocchio era acusado de defender, exemplifica um pensamento e uma postura que se colocavam contra a Igreja – a partir do momento em que questionavam seus dogmas e preceitos e buscavam interpretações religiosas originais. O próprio trabalho desenvolvido por Ginzburg nos mostra o afinco com o qual a Igreja Católica lutava para refrear os hereges.

É válido lembrarmos que as ideias vistas como contrárias às da Igreja Católica eram conhecidas e perseguidas desde o fim da Idade Média. O movimento valdense, do século XII, teve início quando Pierre Vaudès, francês, leu a Bíblia e a traduziu para a língua comum da região em que morava, começando a pregar a penitência e afirmar que a Igreja não lecionava os ensinamentos de Cristo; como consequência foi excomungado. Outro movimento forte foi o dos cátaros (também na França), no século XIII. Acreditando-se puros, eles seguiam um cristianismo quase primitivo, almejando uma vida irrepreensível e rejeitando a autoridade da Igreja. Foi para reprimir esse movimento que o Tribunal da Santa Inquisição foi criado – naquele momento a prática corrente era a excomunhão dos acusados.

Na verdade, sempre houve, desde o surgimento do cristianismo, ainda na época romana, o conhecimento de que as pessoas não eram completamente convertidas, e práticas tidas como pagãs ainda eram realizadas com frequência. Assim, por mais que falemos em hegemonia da Igreja Católica, é preciso ter em mente que ela nunca deixou de enfrentar correntes contrárias ou práticas divergentes.

De qualquer maneira, com o crescimento de uma postura questionadora e de pessoas que seguiam uma interpretação mais pessoal das Escrituras, a Igreja Católica viu-se ameaçada. No século XVI, porém, a ameaça se concretizou, e a instituição sofreu com um grande abandono de fiéis.

4.4.1 A REAÇÃO DA IGREJA

Os reformistas divulgavam ideias que retiravam o poder da Igreja, eximiam os fiéis da culpa pela riqueza, por exemplo, e permitiam a fruição cultural, pois fomentavam a proliferação e a leitura das Escrituras. No lugar de uma vida de pecado e expiação, as promessas eram de salvação por meio de uma vida digna e voltada ao trabalho e à fé.

A reação da Igreja Católica ao rompimento proposto pelos reformistas tardou a acontecer, mas foi pensada para ser duradoura e cobrir todas as bases concernentes à postura da instituição. Assim, em vez de promover algum tipo de conciliação com os fiéis ou de flexibilidade diante do quadro que se instalava, a Igreja adotou o caminho da rigidez, da intolerância e do endurecimento de sua posição. Não houve qualquer tentativa de diálogo com os ditos *hereges*. A intransigência, de fato, vigorava em ambos os lados.

Um dos grandes responsáveis pela reação católica foi o Papa Paulo III (1468-1549). Sob seu papado foram criadas instituições e elaboradas instâncias que visavam fortalecer a imagem da Igreja perante a população, reforçando seu poder diante dos fiéis e conquistando uma audiência nova, que poderia ser facilmente persuadida a abraçar a nova religião e engrossar o número de católicos que só decrescia na Europa.

Para atingir o último objetivo, várias ordens religiosas foram criadas, com destaque para a Companhia de Jesus, de Inácio de Loyola, fundada em 1540. Foram os integrantes dessa companhia, os chamados *jesuítas*, que se dirigiram ao então Novo Mundo a fim de catequizar os indígenas, em uma empreitada dos Estados Ibéricos com amplo apoio da Igreja Católica, justamente por este fim: **a conquista das almas nativas da América**. Os jesuítas tiveram papel fundamental na história do Brasil, sendo responsáveis pelas missões, pelo trato com os indígenas e pela educação existente na então Colônia portuguesa (vale lembrarmos que a cidade de São Paulo se origina do colégio fundado pelos jesuítas no século XVI).

Outra criação ocorrida durante o papado de Paulo III foi o Santo Ofício (cuja atuação foi exemplificada pelo texto de Ginzburg), na verdade uma reestruturação da instituição medieval que combatia os heréticos, mas de atuação menos branda. O Santo Ofício focava na perseguição aos hereges (com destaque para as mulheres acusadas de serem bruxas e feiticeiras e de firmarem pactos com o diabo) e, principalmente, aos judeus e cristãos-novos (judeus convertidos), no caso da Península Ibérica. Em uma época em que o número de fiéis decaía, era importante vigiar aqueles que ainda professavam a fé. Além disso, o Santo Ofício podia condenar pessoas à fogueira e à prisão perpétua ou ainda confiscar os bens do acusado. Após a condenação da Igreja, o acusado passava por novo julgamento, realizado pelo Estado, para, enfim, ser punido por este.

Os Estados ibéricos, como dito, foram um braço-direito da Igreja e do Santo Ofício. Ainda que o Brasil não tenha contado com nenhum Tribunal da Inquisição, representantes foram enviados ao território brasileiro, que condenaram 400 pessoas.

Além dessas instituições, um evento ocorrido entre 1545 e 1563[8] tornou-se o grande símbolo da chamada *Contrarreforma católica*: o **Concílio de Trento** – uma espécie de assembleia formada pelos representantes da Igreja. Na ocasião, a pauta era justamente a posição da Igreja diante do contexto reformista.

No Concílio, algumas importantes decisões foram tomadas: os sete sacramentos foram confirmados (Calvino reconhecia apenas o batismo e a eucaristia, por exemplo), assim como os sete pecados capitais, o culto aos santos e às imagens sagradas, o celibato clerical e os dogmas e rituais tradicionais da Igreja. O latim também foi mantido como a língua dos cultos – a Bíblia permanecia fora do escopo popular.

Um ano após o fim do Concílio, foi publicado o *Index Librorum Prohibitorum*, a lista de livros proibidos de serem consultados pelos católicos (contendo nomes como os dos autores Erasmo de Roterdam e Giovanni Boccaccio), pois "A Igreja católica nesse período combatia em duas frentes: contra a cultura erudita velha e nova, irredutível aos esquemas contrarreformísticos, e contra a cultura popular" (Ginzburg, 2006, p. 94). Obras populares eram proibidas não só por serem obscenas, mas principalmente por trazerem em seu conteúdo ideias ou passagens que pudessem ser interpretadas sob fundo religioso e que não compactuassem com os dizeres da Igreja.

---

8   *O Concílio não transcorreu de maneira ininterrupta no decorrer dos 18 anos de vigência, chegando a ser extinto duas vezes.*

Delumeau (1989, p. 164) aponta duas frentes de atuação da Contrarreforma:

> Por um lado, ela visou a reconquista pelas armas dos territórios passados para o campo da Reforma; por outro, procurou, onde a vitória militar o permitia, converter as massas protestantes por uma série completa de meios: missões, fundação de colégios e universidades, coações diversas, tentativas de sufocar a religião adversa.

4.4.2 REFORMA, CONTRARREFORMA E SUAS SIMILARIDADES

É interessante apontarmos que, rivais, protestantes e contrarreformistas apresentavam alguns pontos em comum em suas ações. Em primeiro lugar, ressaltamos que as ações de ambos os lados foram marcadas por ódio, intolerância e violência.

> Convém todavia repor antes de mais [nada] esta hostilidade num contexto geral de cruel intolerância e uma época em que amar e praticar sua religião significava muitas vezes combater a de outrem. As guerras civis alemãs da primeira metade do século XVI, e mais ainda as da França após 1562 e a revolta dos Países Baixos, foram antes de tudo guerras de religião. [...] Mas a intolerância foi dos dois lados [...] É impossível dizer qual dos dois adversários foi mais cruel e em que país se levaram mais longe os requintes de barbaria. Por nessa época ser de regra a intolerância religiosa, Luteranos e Calvinistas trocaram violentos panfletos sobre a presença real, mas se estenderam na perseguição a todos os dissidentes do Protestantismo e, em primeiro lugar, aos Anabatistas. (Delumeau, 1989, p. 162-163)

As perseguições a protestantes e católicos eram recorrentes nos países em que um desses grupos era minoria; as guerras religiosas marcaram todo o século XVI europeu e, muitas vezes, o século seguinte. Na França católica, um dos episódios mais conhecidos nesse contexto é o **Massacre da Noite de São Bartolomeu**, quando, em 23 de agosto de 1572, 30 mil protestantes (chamados pelos franceses de *huguenotes*) foram mortos em diversas cidades por pessoas de orientação católica. A Figura 4.3, a seguir, mostra a pintura *Uma manhã nos portões do Louvre*, de 1880, de autoria de Édouard Debat-Ponsan. A pintura retrata a entrada do então Castelo do Louvre após o massacre da Noite de São Bartolomeu. No centro da figura, vestindo roupas pretas, encontra-se Catarina de Médici.

Figura 4.3 – *Uma manhã na porta do Louvre*, de Édouard Debat-Ponsan

DEBAT-PONSAN, E. **Uma manhã na porta do Louvre**. 1880. Óleo sobre tela: color; 320 × 396 cm. Museu de Arte Roger-Quilliot, Clermont-Ferrand, França.

Além da violência, outro ponto que pode ser destacado é o fato de que católicos e protestantes, de maneira geral, utilizaram-se de diferentes meios para ensinar aos fiéis seus dogmas e valorizar os ensinamentos de suas doutrinas, com a multiplicação de dioceses, igrejas, colégios e seminários.

4.4.3 Os movimentos reformistas e suas consequências

Entre os efeitos da Reforma e da Contrarreforma é possível apontar, em primeiro lugar, um aumento da espiritualidade e do proselitismo. Ainda que a Igreja Católica tenha passado por grande perda de fiéis e visto seu poder ser desafiado, a instituição saiu desse episódio fortalecida e revigorada, reafirmando seus dogmas e buscando um novo corpo de fiéis fora da Europa. Com isso, houve o reforço do processo de "europeização" iniciado na Idade Moderna, uma vez que viajantes e religiosos europeus foram responsáveis por colonizar e levar a diferentes territórios do mundo valores, referenciais e modos de vida da Europa. Notamos, também, que foi reforçada a ideia de que qualquer pessoa poderia passar pela catequização, em um claro desrespeito à forma de vida dos povos encontrados no além-mar.

Finalmente, conforme a análise de Weber, teve início uma distinção entre os países de vertente protestante e os de vertente católica, com diferença especialmente em relação ao desenvolvimento capitalista nesses territórios.

> Ainda que a Igreja Católica tenha passado por grande perda de fiéis e visto seu poder ser desafiado, a instituição saiu desse episódio fortalecida e revigorada, reafirmando seus dogmas e buscando um novo corpo de fiéis fora da Europa.

Síntese

Neste capítulo, abordamos dois grandes eventos da Idade Moderna europeia, com implicações dentro e fora da Europa. O Renascimento foi um movimento de renovação nas artes, na filosofia, na literatura e nas ciências, que teve como foco o ser humano e sua relação com o entorno e consigo mesmo, com base em uma perspectiva que pregava o protagonismo dos indivíduos em detrimento da centralidade divina. Entretanto, não podemos definir o Renascimento (e a Idade Moderna, de maneira geral) como um período contrário à fé. Na verdade, a religião ainda se mostrava fortemente enraizada na vida das pessoas, mesmo que elas rompessem com o catolicismo, após a Reforma. De fato, houve a expressão de uma nova religiosidade, pautada no indivíduo em detrimento do coletivo. A fé, porém, ainda ocupava lugar central na vida dos indivíduos modernos.

À luz das ideias de Max Weber, analisamos como o calvinismo foi a base para um novo comportamento e uma nova forma de encarar o mundo (a favor do lucro e do trabalho), favorecendo o desenvolvimento capitalista nos anos subsequentes à Reforma e evidenciando a importância central da religião no contexto moderno. A resposta da Igreja Católica à Reforma também trouxe implicações de ordens globais com a aproximação entre a instituição e as navegações, além da necessidade de catequização que extrapolava os limites territoriais europeus, visando conquistar um novo contingente de fiéis.

Indicações culturais

Seriado

COSMOS: uma odisseia do espaço-tempo. Direção: Brannon Braga, Bill Pope e Ann Dryuan. Estados Unidos: Fox; Nat Geo, 2014.

A série – em sua primeira versão apresentada pelo astrônomo e astrofísico Carl Sagan, e atualmente pelo astrofísico Neil deGrasse Tyson – mostra de forma acessível e instigante a história de diversos cientistas do Renascimento (entre outros nomes) e o impacto de suas descobertas para o mundo. Também evidencia a atuação das mulheres na ciência. Destacamos o episódio sobre Giordano Bruno e sua relação com a Igreja Católica.

Livro

DELUMEAU, J. **A civilização do Renascimento**. Tradução de Manuel Ruas. Lisboa: Estampa, 1994.

Obra de fácil leitura que desmistifica alguns dos equívocos associados ao Renascimento, explicando seu contexto dos pontos de vista político, econômico, cultural e religioso. Uma obra que é referência sobre o assunto.

Atividades de autoavaliação

1. Entre as consequências da Contrarreforma, é possível destacar:
    a) a revisão dos dogmas religiosos por meio do Concílio de Trento, que modificou alguns dos preceitos religiosos católicos.
    b) a popularização da Bíblia para conhecimento popular, a fim de atrair os fiéis.

c) a ocidentalização do mundo por meio da divulgação de ideias ocidentais aos povos do Oriente.
d) a intransigência da Igreja, que apenas reforçou os dogmas que já prevaleciam no seio da instituição.
e) guerras religiosas entre luteranos e calvinistas, que favoreceram novamente o crescimento do número de fiéis entre os católicos.

2. Sobre o Renascimento, assinale V para as afirmativas verdadeiras e F para as falsas.
   ( ) O Renascimento pode ser descrito como uma retomada literal dos elementos greco-romanos na arte, sem renovação na produção artística moderna.
   ( ) Conceituar o Renascimento implica definir a Idade Média, sem entendê-la como a Idade das Trevas, mas como um período de produção cultural específica.
   ( ) Nesse período, a religião foi posta em xeque por diversos autores, pensadores e cientistas. A resposta da Igreja foi a criação do Tribunal da Inquisição.
   ( ) Havia a necessidade de o homem se afastar do olhar religioso e católico para desenvolver uma compreensão do mundo e de si que se pautasse pelo que ele, de fato, conhecia e podia explorar.
   ( ) O Renascimento provocou grande desenvolvimento dos saberes nas artes, com a aplicação de conhecimentos matemáticos nas obras e nas ciências, especialmente com novos conhecimentos sobre o Universo.

   Agora, assinale a alternativa que corresponde à sequência correta:

a) F, V, F, V, V.
b) V, V, F, F, V.
c) V, F, F, V, F.
d) V, V, F, F, F.
e) F, F, V, V, V.

3. Sobre a Reforma religiosa, assinale a alternativa correta:
   a) O poder da Igreja, expresso pela excomunhão de integrantes que questionavam seus dogmas, não mais impedia a atuação desses indivíduos.
   b) A sociedade europeia rompeu definitivamente com a Igreja Católica.
   c) Houve rápida reação da Igreja por meio do Concílio de Trento e do Tribunal do Santo Ofício.
   d) Lutero e Calvino tornaram-se os expoentes de um movimento nunca antes visto.
   e) Luteranos e calvinistas atuaram de maneira violenta para reforçar seu poder, como fizeram na Noite de São Bartolomeu.

4. Acerca da obra de Weber e da tese por ele defendida, assinale a alternativa **incorreta**:
   a) Weber acredita que há uma grande diferença entre católicos e protestantes, notável na ocupação profissional de ambos. Isso evidenciaria a predileção dos protestantes pelas atividades ligadas ao capital.
   b) De acordo com Weber, a ideia da predestinação acaba com o encantamento do mundo e com a possibilidade de salvação por meio da ação humana.
   c) O capitalismo é visto como uma atividade que tem por objetivo indicar a salvação da alma das pessoas: são

escolhidos os que prosperam. Por isso é imperativo trabalhar e acumular capital.

d) A predestinação também tornava o mundo mais racional e objetivo. O trabalho e a prosperidade do indivíduo tornaram-se a maneira pela qual Deus indicaria sua graça sobre aquela pessoa.

e) O lucro e a prosperidade são vistos como positivos a partir do momento em que são fruto do trabalho do homem, trabalho este visto como vocação.

5. Calvino e Lutero são os chamados *patriarcas da Reforma*. Sobre as obras e ideias deles, assinale a afirmativa correta:

a) Ambos acreditavam na popularização da Bíblia e no fim do papado.

b) Ambos acreditavam na predestinação da salvação da alma. A diferença era que Lutero afirmava que nenhuma ação poderia ajudar os indivíduos, e Calvino defendia que a vida que se levava indicaria a incidência da graça divina.

c) Lutero e Calvino foram os únicos indivíduos a enfrentarem a Igreja Católica. Justamente pelo ineditismo de suas ideias, foram os dois bem-sucedidos.

d) O sacerdócio universal defendido por Lutero garantia o fim da Igreja e de seus representantes, pois cada um poderia ser um pastor de si.

e) Foram as ideias de ambos que estimularam Henrique VIII a também romper com o papa e fundar sua própria Igreja, da qual seria o líder.

Atividades de aprendizagem

Questões para reflexão

1. Com base na leitura do capítulo, é correto usar o termo *Renascimento*? Justifique sua resposta.

2. Você concorda com Weber a respeito da relação entre a ética protestante e o desenvolvimento do capitalismo, considerando a história dos países europeus após a Revolução Industrial? Elabore uma crítica ao trabalho desse pensador.

Atividade aplicada: prática

1. Assista ao primeiro episódio do seriado *Cosmos*.

COSMOS: uma odisseia do espaço-tempo. Direção: Brannon Braga, Bill Pope e Ann Dryuan. Estados Unidos: Fox; Nat Geo, 2014.

Explique:

a) Como o seriado retrata a visão de Giordano Bruno sobre o universo e como tal visão se relaciona com o contexto renascentista?

b) Qual foi a reação da Igreja Católica diante das afirmações de Giordano Bruno e como essa postura evidencia um traço da Igreja perceptível também na Contrarreforma?

Capítulo 5
Revolução Inglesa
e liberalismo

No presente capítulo, abordaremos com maior atenção a história da Inglaterra durante o século XVII, seu período revolucionário. Buscaremos expor os motivos que propiciaram o conflito entre o rei e o Parlamento inglês na década de 1640 e os importantes desenlaces das décadas seguintes, culminando, em 1688, em uma nova revolução, a qual prescindiu de participação popular ou derramamento de sangue, portanto gloriosa.

Embora muitas vezes nos seja óbvia a influência da Revolução Francesa para a formação da sociedade burguesa que se estabeleceu nos anos seguintes, é preciso ter em mente que os eventos ingleses, ocorridos praticamente 150 anos antes da Queda da Bastilha, também foram fundamentais por permitirem o avanço do capitalismo e da sociedade industrial.

Adicionalmente, analisaremos brevemente dois autores cujas obras auxiliam a pavimentar o caminho capitalista e liberal: Adam Smith e John Locke.

(5.1)
A Revolução Inglesa

A Revolução Inglesa teve papel de suma importância no desenvolvimento da sociedade capitalista e burguesa que conhecemos hoje, tanto quanto a Revolução Francesa. De fato,

A Revolução Inglesa [...] é um dos principais eventos da história da Inglaterra. Ou melhor, podemos dizer que ela, com a Reforma henriquina e a Revolução Industrial, constitui um dos pontos estratégicos, nodais da história inglesa. A Reforma significa uma ruptura decisiva não só com Roma mas com os poderes continentais, em especial a Espanha e o Império Habsburgo [...]. Desde essa data a opção nacionalista está feita. A

> *Revolução Industrial [...] consolida o deslanche inglês e a sua superioridade material sobre os demais países do mundo: daí às guerras napoleônicas, daí ao Império colonial, daí ao primado sobre os mares e quase o mundo... Entre a Reforma e a Revolução Industrial, temos as revoluções do século XVII. Elas, como a russa, se dão em mais de um tempo. Só que aqui é o ensaio geral, o "1905" inglês (isto é, 1640-48), o mais fascinante, enquanto o golpe final (o "1917", isto é, 1688) é morno.* (Ribeiro, 1987, p. 18)

Embora seja usado o termo *Revolução Inglesa*, é preciso ter em mente que o processo revolucionário inglês se desenrolou praticamente por todo o século XVII e, em especial, em dois momentos: na década de 1640, com a Revolução Puritana, e em 1688, com a Revolução Gloriosa. Como muitos historiadores entendem esses dois eventos como parte de um mesmo processo, apenas se referem a eles como *Revolução Inglesa*.

Mas o que teria iniciado tal revolução? Como ela se constituiu e quais são suas características?

5.1.1 Contexto pré-revolucionário

Christopher Hill (1912-2003), historiador conhecido por seu estudo sobre o século XVII inglês, delineou, em seu livro *A revolução de 1640*, as causas econômicas e políticas para o conflito que culminou na Revolução Inglesa.

A Inglaterra do início do século XVII era quase totalmente agrária e, de acordo com o autor, mantinha um sistema feudal, entendido por Hill (1981, p. 8) como:

> *Uma forma de sociedade na qual a agricultura é a base da economia e o poder político constitui o monopólio de uma classe de proprietários de terras. A massa da população consiste em camponeses dependentes que*

vivem do produto das terras arrendadas pela família. Os proprietários das terras são sustentados pela renda paga pelos camponeses, sob a forma de víveres ou de trabalho, nos primeiros tempos, ou (por volta do século XVI) em dinheiro. Nessa sociedade existe igualmente a pequena produção artesanal, a troca de produtos e o comércio interno e com o exterior; porém, o comércio e a indústria estão subordinados aos proprietários de terras e ao seu Estado, bem como à expoliação por parte deles.

Como podemos perceber, o quadro ainda era bastante semelhante ao que se conhecia na Idade Média, com a **prevalência do poder nas mãos do Estado e dos proprietários rurais**. Na Inglaterra também existiam as chamadas *terras comunais*, em que trabalhavam diversas pessoas, que deviam parte de sua produção ao dono daquela terra. Era uma maneira de acesso às propriedades e que englobava grande parte da mão de obra do campo.

No século XVI, de 1558 a 1603, a Inglaterra foi governada pela Rainha **Elizabeth I** (1533-1603), da dinastia Tudor. Sob seu comando, a burguesia e a Coroa conjugaram seus interesses: lutar contra o poder da Igreja Católica e contra a Espanha (com quem a Inglaterra entrou em guerra em 1588, esvaziando os cofres do Estado). A Rainha Elizabeth I entendia que dependia da nobreza e não tentava sobrepujá-la.

Durante o período elisabetano ainda sobreviviam as guildas e as corporações de ofício, outra formação do tempo medieval. As guildas controlavam o comércio e a produção de produtos nas localidades em que se formavam, garantindo o monopólio sobre a atividade comercial da região e afastando qualquer concorrência de seus produtos. As trocas e o comércio ocorriam, mas em pequena escala.

Devemos nos lembrar, porém, que os séculos XV e XVI marcaram uma nova fase na história da humanidade a partir das **grandes**

navegações. Com esse empreendimento, houve uma grande troca comercial e cultural entre povos de localidades distantes, e os ingleses também desejavam tomar parte nessa empreitada. Eles levaram seus produtos para pontos longínquos; aos poucos, desenvolveu-se a demanda de trabalho especializado para atender a esse novo mercado consumidor. Ao mesmo tempo, afluíam na Inglaterra novos produtos, cujos preços dispararam. Aqueles que se envolviam com o comércio ultramarino prosperavam, e os que se mantinham atrelados às rendas fixas e à terra gradativamente empobreciam.

Além das mudanças econômicas, que garantiam que a riqueza ficasse nas mãos da burguesia, as propriedades rurais também passaram por uma grande modificação na Inglaterra. Com a Reforma Religiosa, no século XVI, as terras da Igreja romana foram confiscadas pelo Estado e vendidas. A riqueza abundante do comércio, por sua vez, permitiu que o capital se deslocasse para a área rural, onde terras (não só da Igreja, mas de pequenos proprietários e arrendatários) eram adquiridas por novos donos. Elas se tornavam, assim, um bem que poderia ser comprado, e não algo que passaria de pai para filho, mantendo-se no seio da família. A **propriedade** agora não era vista apenas como fonte de subsistência por meio do que nela se produzia; ela própria passava a ser uma fonte de renda.

Os **Atos de Cercamentos** (*Enclosure Acts*) eram praticados na Inglaterra desde o século XII, mas ganharam autorização parlamentar no século XVII, tornando-se uma prática cada vez mais comum. Com os cercamentos, as terras deixavam de ser comunais para tornarem-se propriedades privadas, e o valor do arrendamento podia ser reajustado de acordo com a vontade do proprietário. Ocorreu ainda a paulatina substituição da produção agrícola pela criação de animais, especialmente carneiros, cuja pele era usada na fabricação têxtil. Com isso, aqueles que não podiam pagar pelas propriedades eram expulsos e a prática das terras comunais inglesas definhava. Thomas More (2004) chegou a afirmar que os carneiros devoravam os próprios homens na Inglaterra, em alusão ao processo de extinção das terras comunais, que levaram muitos a perder sua fonte de renda, formando aos poucos a massa disponível para o trabalho nas fábricas do século XVIII.

Se, por um lado, cresciam a importância e a atuação política dessa aristocracia rural, a chamada *gentry*[1], por outro, sua atuação econômica era limitada, pois as estruturas feudais existentes impediam o livre comércio pleno da terra. Lembremos que aqui ainda nos referimos a um Estado com traços mercantilistas e interventor na economia, que também tentava controlar tais atividades[2]. Dessa forma, para os donos de terra, o Estado e a estrutura vigentes começavam a se mostrar um empecilho ao desenvolvimento econômico, e o mesmo ocorria com os comerciantes e industriais.

Finalmente, analisemos a questão política. Com a morte da Rainha Elizabeth I, ascendeu ao trono Jaime I (1566-1625), então rei da Escócia (dinastia Stuart) e parente de Elizabeth, que morreu sem descendentes. Jaime, assim como seu irmão e sucessor, Carlos I (1600-1649), não soube lidar com as transformações que testemunhava na sociedade de seu tempo. Um dos maiores obstáculos para seu reino foi a falta de dinheiro, uma vez que a riqueza que afluía para a Inglaterra concentrava-se nas mãos da burguesia e dos comerciantes, e não da

---

1 Gentry *refere-se à aristocracia rural cuja riqueza deriva da terra. É diferente dos nobres, cujo status está ligado ao nascimento e à posição social.*

2 *Destacamos, porém, que "Estas transformações não tiveram qualquer efeito revolucionário sobre a sociedade como um todo. Ali estava a nova classe de agricultores capitalistas, forçando o seu caminho para diante, travada por sobrevivências feudais, cuja abolição era necessária ao seu livre desenvolvimento: na revolução, em aliança com a burguesia urbana, essa classe apoderou-se do Estado, criando as condições que permitiriam uma ulterior expansão" (Hill, 1981, p. 41).*

Coroa. A guerra contra a Espanha (1585-1604) também pesava sobre a vivência dos ingleses.

As tentativas de mudar esse quadro ocorreram por meio da força e da imposição, gerando um contexto cada vez mais conflituoso, especialmente entre o Parlamento e a Coroa. Diferentemente de outras localidades europeias, em que tais instituições perdiam força, o Parlamento inglês mantinha-se e contava com certos poderes, entre eles o de liberar a taxação de impostos (vistos como uma medida de exceção, e não como prática recorrente, como hoje). É preciso destacar também que o Parlamento era formado por duas casas ou câmaras: a dos Lordes e a dos Comuns, esta última formada pela pequena nobreza e pela burguesia que, como dito, ascendia política e socialmente. Não os interessava, portanto, o aumento de impostos.

Figura 5.1 – O Parlamento inglês

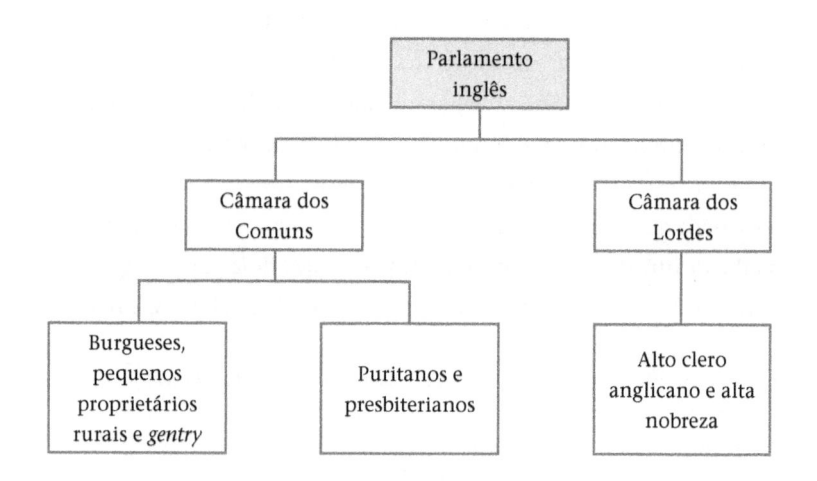

```
                    Parlamento
                      inglês
                   /          \
          Câmara dos         Câmara dos
            Comuns             Lordes
           /      \                |
   Burgueses,                   Alto clero
   pequenos     Puritanos e    anglicano e alta
   proprietários presbiterianos   nobreza
   rurais e gentry
```

Os Stuarts desejavam a manutenção da ordem feudal (eram os grandes donos de terra na Inglaterra) e, mais do que isso, acreditavam que o poder do rei estava acima de qualquer outro. Por isso, mesmo sem autorização parlamentar, buscaram a cobrança de impostos e instituíram monopólio sobre o comércio de diversos produtos, muitos essenciais à vida cotidiana. Quando tentou controlar também a exportação de tecidos, Jaime I gerou uma grave crise econômica. O sucessor, Carlos I, não obteve melhores resultados. Em 1628 foi obrigado a assinar a Petição de Direitos, que proibia o rei de convocar o Exército e de assumir medidas econômicas sem a aprovação do Parlamento. A Petição foi descumprida e ignorada por Carlos I. Entre 1629 e 1640, o Parlamento manteve-se dissolvido, após divergências entre a instituição e o rei sobre a obtenção de renda por meio de empréstimos forçados feitos pelo soberano. A partir de 1640, instabilidades com os escoceses e os irlandeses forçaram nova organização parlamentar. Em 1641, a Irlanda tentou se libertar da Inglaterra. O Parlamento não confiava em Carlos I a ponto de liberar-lhe o Exército, e a unidade parlamentar chegou ao fim.

5.1.2 A GUERRA CIVIL E A REVOLUÇÃO

Em 1642 teve início a guerra civil inglesa, colocando os realistas (Cavaleiros) – ou seja, a aristocracia, favorável ao rei – contra a pequena nobreza e a burguesia (os Cabeças Redondas, do Parlamento). Nas Figuras 5.2 e 5.3, é possível notar a diferença entre os indivíduos dos dois grupos, com os adornos e os longos cabelos dos Cavaleiros em clara oposição ao estilo dos Cabeças Redondas.

Figura 5.2 – Cavaleiros

DYCK, A. van. **Retrato de Lord John Stuart e seu irmão Lord Bernard Stuart**. ca. 1638. Óleo sobre tela: color.; 237,5 × 146,1 cm. National Gallery, Londres, Inglaterra.

Figura 5.3 – Cabeça Redonda

PETTIE. J. **The Puritan**. 1870. Óleo sobre tela: color; 66 × 43,8 cm. Sheffield Gallaries an Museums Trust, Sheffield City, UK.

Ao lado dos Cabeças Redondas estava Oliver Cromwell, que assumiu a liderança do exército e conseguiu organizá-lo pelo mérito de seus homens, e não pelos títulos e pelas posições sociais que ostentavam. Os homens de Cromwell eram mais humildes, mas lutavam por si e pela nova realidade de que tanto precisavam. Venceram em 1645, tendo o rei se rendido em 1646 aos escoceses, que o entregaram aos ingleses após substancioso pagamento. O rei conseguiu fugir da prisão, a guerra foi retomada, mas acabou sendo novamente capturado e levado a julgamento. Em 30 de janeiro de 1649, Carlos I foi decapitado[3], e a monarquia chegou ao fim.

Figura 5.4 – *A execução de Carlos I* (artista desconhecido)

Charles I. 1600-1649. Reigned 1625-1649. **The Execution of Charles I**, 1649. Óleo sobre tela: 163,2 × 296,8 cm. Scotish National Portrait Gallery, Edinburgo, Escócia.

---

3 *Diferentemente do que podemos imaginar, a decapitação real não trouxe a alegria para o povo, uma vez que o rei ainda era visto como uma figura sagrada. É por isso que Fraser (2000, p. 296) conta que "A triste cerimônia, segundo o embaixador de França, durou menos de um quarto de hora. O povo, entretanto, não demonstrou o menor sinal de satisfação; ao contrário, ouviu-se um profundo suspiro, conforme disse uma testemunha, 'diferente de todos os que já escutara e espero não escutar jamais' – na verdade, o lamento característico dos tempos em que justiça e injustiça se entrelaçavam".*

Em maio do mesmo ano foi declarada a República[4] e estabelecida a Commonwealth of England[5], unindo sob poder inglês a Escócia e a Irlanda. A Commonwealth era governada pelo Parlamento e por um Conselho de Estado, este liderado por Oliver Cromwell. E, em 1651, foi estabelecido o Ato de Navegação, que dava grandes poderes à frota naval inglesa:

> *O Ato de Navegação de 1651 definia que todos os navios trazendo produtos para portos ingleses deviam ser navios ingleses ou navios de seu país de origem: em outras palavras, ferro sueco deveria ser trazido por navios ingleses ou suecos, mas não holandeses [a Holanda disputava poderio naval com a Inglaterra na época]. [...] Invadir o comércio de transporte holandês era um dos objetivos do Ato de Navegação. O outro era garantir o monopólio do crescente comércio inglês com as colônias da América do Norte e do Caribe.* (Miller, 2015, p. 505, tradução nossa)

O Ato foi uma forma de garantir a supremacia inglesa nos mares, o que de fato ocorreu, especialmente após derrotarem a frota holandesa (que até então monopolizava o comércio marítimo na primeira metade do século XVII).

Entre 1649 e 1653, o Parlamento inglês prevaleceu organizado. Contudo, em 1653, foi dissolvido. Em dezembro do mesmo ano,

---

4   Esse período conta com a existência do Parlamento, sob a liderança de Oliver Cromwell. O líder logo tratou de eliminar a ala radical do Exército e afastar de qualquer poder a ala mais radical e popular do movimento, que foi suprimida, assim como suas ideias democráticas para a Inglaterra. O livro de Christopher Hill, O mundo de ponta-cabeça, trata justamente das ideias defendidas por esses grupos (opositores e radicais) dentro da Revolução.

5   Como explica Fraser (2000, p. 306), "A palavra [Commonwealth], com o significado original de bem-estar público ou o bem-estar geral, tinha se transformado no começo do século XVI para significar o corpo político do Estado, visto especialmente como um corpo em que toda a população tinha voz ou interesse; no século XVII estava começando a assumir o significado de república".

Oliver Cromwell assumiu o título de Lorde Protetor da Inglaterra, Escócia e Irlanda. Como descreve Antonia Fraser (2000), o momento foi de estranhamento e de retorno a alguns dos traços monárquicos que acompanharam os ingleses, especialmente no tratamento à Cromwell. Seu governo transformou-se basicamente em uma ditadura militar, como descreve Hill (1981), com seus generais à frente dos cargos de poder. O período em que Cromwell se manteve no poder foi marcado também por crescimento econômico para a Inglaterra: os ingleses conquistaram a Jamaica, no Caribe, que seria um dos grandes produtores de açúcar no século seguinte; a manufatura têxtil continuou em expansão e, na área rural, era cada vez mais intensa a produção de grãos e a criação de ovelhas.

Figura 5.5 – *Retrato de Oliver Cromwell*, de Samuel Cooper

COOPER, S. **Retrato de Oliver Cromwell**. 1656. Reprod.: color.; 75,6 × 62,9 cm. Óleo sobre tela. National Gallery, Londres, Inglaterra.

Antes de ser submetido a uma constituição que lhe limitaria os poderes, Cromwell morreu em 1658. Ele já sofria resistência de parte da população por agir como rei sem ser um de fato. Seu filho não recebeu o mesmo apoio que o pai havia tido inicialmente e, em 1660, o novo Parlamento restaurado solicitou a volta da monarquia, por meio de Carlos II (1630-1685). Esse evento deu início à **Restauração**.

Carlos II e Jaime II (1633-1701), que o sucedeu, diferentemente de seus antecessores, não agiam de maneira livre: estavam submetidos ao Parlamento, de maneira que, como assinala Hill (1981, 1987), não havia autoridade executiva independente. O rei, por exemplo, não podia cobrar impostos a seu bel-prazer e tornava-se um funcionário público a partir do momento em que era remunerado, visto que não vivia mais de seus rendimentos privados ou dos impostos feudais (extintos após a restauração).

O comércio e a indústria desenvolveram-se durante o governo de Carlos II. O rei também incitou a educação e as ciências, e contava com o apoio dos aristocratas e burgueses. Os conflitos envolvendo o soberano ocorriam por questões religiosas, uma vez que era católico, entrando em desavença com os puritanos (calvinistas ingleses).

Após a morte de Carlos II, em 1685, seu irmão, Jaime II, assumiu o poder. Com ele a questão religiosa acirrou-se, pois perpetuou as ações pró-católicas de seu antecessor, intensificando-as. A saída, para muitos, era o fim da dinastia Stuart. E isso foi arranjado em um acordo entre o Parlamento e o príncipe Guilherme de Orange, genro de Jaime II, para que este assumisse o trono inglês com limitação de poder. Em 1688, Guilherme de Orange desembarcou na Inglaterra. O exército de Jaime II desertou, e o rei, sem apoio, foi deposto.

A filha de Jaime II, Maria Stuart, e seu marido, Guilherme, assumiram o trono inglês em 1689, acatando a Declaração dos Direitos (*Bill of Rights*), que garantia o poder de governar para o Parlamento, e não mais para o rei, que se tornava uma peça quase figurativa. A partir da *Bill of Rights*, ficou extinto o Exército em períodos de paz. Também foi decidido que o Parlamento poderia apontar o sucessor do trono, assim como definiria o orçamento anual e realizaria reuniões regulares (ou seja, ele não mais era convocado pelo rei, tornando-se uma instituição fixa e com poder real dentro do Estado).

(5.2) As consequências da Revolução Inglesa

Na seção anterior, preocupamo-nos em descrever o contexto e o desenrolar dos fatos que desencadearam a Revolução Inglesa. É consenso entre historiadores que os eventos da década de 1640 mudaram completamente a história da Inglaterra e, portanto, suas implicações precisavam ficar evidentes.

A revolução de 1640 ocorreu não por uma simples rixa entre parte do Parlamento e o rei, afinal não era uma questão de simples descontentamento. O que muitos já percebiam é que a organização feudal e o mundo mercantil no qual a Inglaterra se encontrava precisavam dar lugar a um possível crescimento e à liberdade de ação em termos econômicos. Era necessário acabar com todo o sistema vigente para que um sistema novo, voltado à **liberdade de mercado** e à maior atuação política burguesa, pudesse emergir. Os motivos que subjazem os eventos de 1640 são sintetizados por Hill (1981, p. 80-81):

> *A burguesia tinha rejeitado o governo de Carlos I, não porque ele fosse um homem ruim, mas por representar um sistema social obsoleto. O seu governo procurava perpetuar uma ordem social feudal quando havia condições para o livre desenvolvimento capitalista, quando apenas este permitiria o aumento da riqueza nacional. [...] Durante o seu reinado, a política*

de Carlos I ilustra a base de classe do seu governo. Procurou controlar o comércio e a indústria, com a intenção, contraditória, quer de travar um desenvolvimento capitalista demasiado rápido, quer de participar nos seus lucros. Quanto à política externa, tinha em vista uma aliança com as potências mais reacionárias, a Espanha e a Áustria, recusando por isso a política nacional avançada exigida pela burguesia. Por ter perdido as boas graças das classes endinheiradas, foi forçado a cobrar taxas ilegais, procurou prescindir do Parlamento e governar pela força. [...] O verdadeiro inimigo estava dentro do país. [...] [A oposição parlamentar] lutava contra um sistema. Antes de a ordem social de que necessitavam poder ser assegurada, tinham de esmagar a velha máquina burocrática [...] Teriam de rolar na poeira as cabeças de um rei e de muitos nobres, antes de terem a certeza de que os futuros reis e a nobreza reconheceriam o domínio da nova classe.

Portanto, a revolução ocorreu pela necessidade de mudança. É por isso que a **Revolução Puritana** (assim chamada por contar com grande atuação dos puritanos no Exército de Oliver Cromwell) foi tão emblemática: ainda que o episódio de 1688 tenha extirpado os poderes monárquicos na Inglaterra, as grandes mudanças no país ocorreram de fato após 1649. Hill (1981) é muito enfático ao destacar que as décadas de 1640 a 1660 foram um momento de grande liberdade intelectual e de expressão, em que parte da população inglesa criticava e questionava o governo e a Igreja. Foi uma liberdade passageira, mas que deixou marcas na sociedade que se construiu em seguida.

A Restauração (período pós-1660) não foi, de fato, restituição do Antigo Regime inglês, pois seus alicerces não estavam mais intactos e inquestionáveis – haviam sido abalados. A Igreja Anglicana, que até então atuava quase como um braço do governo, a fim de manipular a opinião pública a favor de seus interesses e dos interesses dos governantes, perdera seu poder juntamente com o rei.

> Os monopólios sobre o comércio e a indústria propostos pelos reis da dinastia Stuart na primeira metade do século XVII não foram mais empregados. As guildas e as confederações de comércio foram extintas, dando lugar ao livre comércio e ao trânsito desimpedido de bens, de acordo com o mercado e a demanda. Com o Ato de Navegação, a Inglaterra assegurou seu papel de proeminência na atuação marítima, o que lhe permitiu explorar e colonizar com afinco regiões na América e na Ásia, garantindo com isso obtenção de matéria-prima e, ao mesmo tempo, um mercado consumidor para seus produtos. A Revolução Inglesa, assim, intensificou tanto o fim das terras comunais quanto a grande quantidade de mão de obra ociosa para a futura indústria, permitindo o aumento da criação de animais para a área têxtil – ou seja, esse evento lançou as bases para o desenvolvimento industrial que seria visto nos anos seguintes, a partir do século XVIII inglês.

Precisamos esclarecer que a Revolução Inglesa acabou com as estruturas que colocavam de lado a burguesia e a pequena nobreza. A revolta foi controlada no momento em que a parte mais radical da população continuava a pressionar em busca de liberdade e direitos, e muito se fez para que a Restauração mantivesse o poder monárquico de outrora, como forma de manutenção da ordem (ainda que isso não fosse possível). É importante também explicitarmos por que, em 1688, a monarquia não chegou ao fim:

> *ainda no final de 1687 Gilbert Burnet acreditava que "uma rebelião que não seja chefiada por ele [Guilherme de Orange] certamente proclamará a República". Prudentes, os proprietários convidaram Guilherme a tempo, e ele trouxe consigo um poderoso exército profissional, de modo que Jaime II, em quem eles não podiam mais confiar, pôde ser posto fora do trono sem o perigo de uma revolta popular.* (Hill, 1987, p. 341-342)

Havia grande medo de revolta popular, como sugerimos, bem como o perigo de que setores menos privilegiados da sociedade atuassem com o propósito de questionar e tomar o poder. Era preciso uma revolução, mas que produzisse uma **mudança controlada**, e ela foi realizada na medida em que favoreceu a classe então dominante e enriquecida. Não podemos esquecer que as medidas a favor do capitalismo eram as mesmas que promoveram o cercamento das terras e a expulsão de pequenos proprietários do campo, criando uma massa de desocupados; e eram elas também que estimulavam a exploração da mão de obra (na Inglaterra ou em suas terras além-mar).

As ressalvas sobre as consequências da Revolução também devem ser aqui pesadas:

> *Após a derrota dos radicais, em 1660, e a liquidação definitiva do antigo regime em 1688, os dirigentes da Inglaterra organizaram um império comercial de extrema eficácia e um sistema de dominação de classes que se revelou extraordinariamente resistente à passagem do tempo. A ética protestante impôs-se, pelo menos, às ideias e sentimentos que puderam encontrar expressão impressa. A sociedade produziu grandes cientistas, grandes romances. Inventou o romance. Newton e Locke ditaram normas ao mundo intelectual. Esta foi uma civilização poderosa, que para a maior parte das pessoas representou um progresso face ao que antes existia. Porém que certeza podemos ter, em última análise, de que esse mundo era o melhor dentre os possíveis — um mundo em que poetas enlouqueceram, em que Locke tinha medo da música e da poesia, e Newton tinha ideias secretas e irracionais que não se atrevia a tornar públicas?* (Hill, 1987, p. 366)

Finalmente, é válida a reflexão sobre o significado do termo **revolução** e o que implicam as chamadas **revoluções burguesas** (sendo a primeira a Revolução Inglesa, seguida pela Revolução Americana, de 1776, e a Revolução Francesa, de 1789). A filósofa Marilena Chaui explica que, inicialmente, o termo *revolução* fora emprestado da astronomia, *significando o movimento circular completo que um astro realiza ao voltar ao seu ponto de partida. Uma revolução se efetua quando o movimento total de um astro faz coincidirem seu ponto de partida e seu ponto de chegada. Revolução designa movimento circular cíclico, isto é, repetição contínua de um mesmo percurso.* (Chaui, 2000, p. 523)

Como, então, passamos de algo que designa repetição para seu uso político, indicando ideia exatamente oposta, de mudança e ruptura?

Para responder a essas perguntas precisamos examinar um pouco mais de perto as revoluções burguesas [...]. Embora em todas elas o resultado tenha sido o mesmo, qual seja, a subida e consolidação política da burguesia como classe dominante, nas três houve o que um historiador denominou de "revolução na revolução", indicando com isso a existência de um movimento popular radical ou a face democrática e igualitária da revolução, derrotada pela revolução burguesa. Em outras palavras, nas três revoluções, a burguesia pretendeu e conseguiu derrotar a realeza e a nobreza, passou a dominar o Estado e julgou com isso terminada a tarefa das mudanças, enquanto as classes populares, que participaram daquela vitória, desejavam muito mais: desejavam instituir uma sociedade inteiramente nova, justa, livre e feliz. (Chaui, 2000, p. 523)

A autora acrescenta:

As revoluções pretendem derrubar o poder existente ou o Estado porque o percebem como responsável ou cúmplice das desigualdades e injustiças existentes na sociedade. Em outras palavras, a percepção de injustiças sociais leva às ações políticas. Uma revolução pode começar como luta social que desemboca na luta política contra o poder ou pode começar como luta política que desemboca na luta por uma outra sociedade. Eis por que, em todas as revoluções burguesas, vemos sempre acontecer o mesmo processo: a burguesia estimula a participação popular, porque precisa que a sociedade toda lute contra o poder existente; conseguida a mudança política, com a passagem do poder da monarquia à república, a burguesia considera a revolução terminada; as classes populares, porém, a prosseguem, pois aspiram ao poder democrático e desejam mudanças sociais; a burguesia vitoriosa passa a reprimir as classes populares revolucionárias, desarma o povo que ela própria armara, prende, tortura e mata os chefes populares e encerra, pela força, o processo revolucionário, garantindo, com o liberalismo, a separação entre Estado e sociedade. (Chaui, 2000, p. 524-525)

Como exposto, a consolidação do poder da burguesia nesses processos revolucionários não ocorreu apenas pela força das armas e pelo afastamento de quaisquer elementos sociais que não compactuassem com os projetos burgueses. De fato, havia também uma defesa teórica que justificava e dava legitimidade à ação revolucionária burguesa: no caso, o liberalismo – nosso próximo objeto de análise.

(5.3)
Liberalismo

O liberalismo surgiu como respaldo teórico da burguesia: "Com efeito, enquanto na Inglaterra [o liberalismo] se manifesta abertamente com a Revolução Gloriosa de 1688-1689, na maior parte dos países da Europa continental é um fenômeno do século XIX, tanto que podemos identificar a Revolução Russa de 1905 como a última revolução liberal" (Bobbio, Matteucci; Pasquino, 1998, p. 687). O liberalismo está para os burgueses e para a sociedade capitalista como a teoria do direito divino dos reis estava para os reis absolutistas europeus.

> **E o que seria o liberalismo?**
>
> Em linhas gerais, o liberalismo defende, como o nome sugere, a liberdade de ação dos indivíduos perante o Estado. Se com o absolutismo havia um governo monárquico pautado pelo mercantilismo e pela intervenção do Estado na economia, a fim de fortalecer o próprio Estado e o monarca, com o liberalismo assume-se que o Estado passa a ter função limitada, sendo responsável por arbitrar contendas entre os indivíduos que compõem o corpo social e prover a segurança de seus integrantes.

A vertente política do liberalismo foi defendida com grande veemência pelo inglês John Locke (1632-1704), e sua vertente econômica refletiu-se na obra do escocês Adam Smith (1723-1790). Assim, "há estreita relação entre o liberalismo político e o liberalismo econômico, na medida em que o Estado se estrutura para garantir os contratos, não interferir nos lucros de seus membros, permitir a manutenção da propriedade privada, regular o jogo de interesses, manter a ordem social" (Silva; Silva, 2010, p. 260).

No contexto liberal, a propriedade privada ganha grande importância, tornando-se aspecto central dessa ideologia. Para entender esse processo, vamos conhecer as ideias de John Locke.

(5.4)
JOHN LOCKE E A LEGITIMAÇÃO DO LIBERALISMO

O inglês John Locke viveu todo o contexto da Revolução Inglesa – sua família era composta por burgueses comerciantes e seu pai chegou a ingressar no exército puritano que se opôs ao rei. Inclinava-se, naturalmente, à defesa da burguesia.

Uma de suas obras mais importantes é *Ensaio sobre o entendimento humano* (1690), em que discute o surgimento das ideias. Para o filósofo, não existem ideias inatas ao ser humano. O indivíduo nasce tal como uma tábua rasa e aprende por meio da experiência – ideia fundamental para o desenvolvimento da visão empirista de mundo.

Conhecermos tal ponto de vista defendido por Locke é importante, porque o autor estende esse raciocínio para o plano político: **como não há ideias inatas, tampouco existe poder inato**, ou seja, que já nasça com o indivíduo ou que seja de origem divina. Locke é um contestador do absolutismo.

Em *Dois tratados sobre o governo civil* (publicados em 1689), o autor expõe suas concepções liberais. Assim como Hobbes (1588-1679), Locke também descreve o surgimento da sociedade por meio de um pacto. Nesse primeiro momento, as pessoas viviam em um "**estado de natureza**", "regido por um direito natural que se impõe a todos, e com respeito à razão, que é este direito, toda a humanidade aprende que, sendo todos iguais e independentes, ninguém deve lesar o outro em sua vida, sua saúde, sua liberdade ou seus bens" (Locke, 2017, p. 36).

Uma das coisas que aparece como direito existente no estado de natureza é a **propriedade**, assim descrita pelo autor:

Ainda que a terra e todas as criaturas inferiores pertençam em comum a todos os homens, cada um guarda a propriedade de sua própria pessoa; sobre esta ninguém tem qualquer direito, exceto ela. Podemos dizer que ***o trabalho de seu corpo e a obra produzida por suas mãos são propriedade sua. Sempre que ele tira um objeto do estado em que a natureza o colocou e deixou, mistura nisso o seu trabalho e a isso acrescenta algo que lhe pertence, por isso o tornando sua propriedade****. Ao remover este objeto do estado comum em que a natureza o colocou, através do seu trabalho adiciona-lhe algo que excluiu o direito comum dos outros homens. Sendo este trabalho uma propriedade inquestionável do trabalhador, nenhum homem, exceto ele, pode ter o direito ao que o trabalho lhe acrescentou, pelo menos quando o que resta* é suficiente aos outros, em quantidade e em qualidade. (Locke, 2017, p. 42, grifo nosso)

Reparemos no excerto que Locke estabelece uma relação direta entre a propriedade e a ideia de trabalho e a interferência dos indivíduos sobre a natureza. Para ele, "o trabalho é a origem e o fundamento da propriedade" (Martins; Monteiro, 1999, p. 15) e "seria mediante o trabalho que elas [as coisas] deixariam o estado em que se encontram na natureza, tornando-se propriedades" (Martins; Monteiro, 1999, p. 16). Há, assim, uma **legitimação da propriedade**, apresentada como um direito natural das pessoas, pois ela advém do trabalho dos indivíduos.

Se no estado de natureza, as pessoas são vistas como iguais e podem viver em total liberdade, por que os indivíduos abdicariam de sua liberdade para unirem-se em um corpo civil?

A resposta é evidente: ainda que no estado de natureza ele tenha tantos direitos, o gozo deles é muito precário e constantemente exposto às invasões de outros. Todos são tão reis quanto ele, todos são iguais, mas a maior parte não respeita estritamente, nem a igualdade nem a justiça, o que torna o gozo da propriedade que ele possui neste estado muito perigoso e muito inseguro. Isso faz com que ele deseje abandonar esta condição, que, embora livre, está repleta de medos e perigos contínuos; e não é sem razão que ele solicita e deseja se unir em sociedade com outros, que já estão reunidos ou que planejam se unir, visando a salvaguarda mútua de suas vidas, liberdades e bens, o que designo pelo nome geral de propriedade. Por isso, o objetivo capital e principal da união dos homens em comunidades sociais e de sua submissão a governos é a preservação de sua propriedade.
(Locke, [S.d.], p. 69)

Na visão de Locke, o Estado, formado pela união das pessoas que viviam no estado de natureza, tem a função de proteger e garantir a propriedade privada, mas não é responsável por criá-la. A obrigação do Estado é unicamente assegurar a posse àqueles que já detêm a propriedade. Outros motivos que o autor cita para a **formação do Estado** são: a falta de uma lei estabelecida e conhecida por todos, a falta de uma autoridade para solucionar questões e desavenças entre as pessoas (cada indivíduo atuaria em seu próprio benefício, sendo necessário um juiz imparcial) e a dificuldade de se fazer valer uma sentença ou execução.

É notável a diferença entre a atuação do governo sob a ótica de Locke em comparação aos monarcas absolutistas, por exemplo. Vale destacarmos que todas as funções que ele aponta para o Estado não envolvem, de maneira nenhuma, o indivíduo em si.

> Na visão de Locke, o Estado, formado pela união das pessoas que viviam no estado de natureza, tem a função de proteger e garantir a propriedade privada, mas não é responsável por criá-la. A obrigação do Estado é unicamente assegurar a posse àqueles que já detêm a propriedade.

No pacto original os homens não abrem mão de todos os seus direitos. Eles só renunciam a tanto de sua liberdade natural quanto seja necessário para a preservação da sociedade; abrem mão do direito que possuíam no estado de natureza de julgar e punir individualmente, mas retêm o remanescente de seus direitos sob a proteção do governo que concordaram em estabelecer. Certamente não estabelecem (como na teoria de Hobbes) um soberano absoluto e arbitrário. (Gough, 2017, p. 9)

O Estado descrito por Locke é formado não por governantes e governados, mas por indivíduos livres que se associam espontaneamente, a fim de proteger seus interesses. Não há a criação de novos direitos, apenas a manutenção do que já existia no estado de natureza (os direitos naturais, a saber, à vida, à propriedade, à liberdade) e a concordância geral sobre a elaboração das leis e suas aplicações. Nesse sentido, para Locke, os indivíduos não abrem mão de seus direitos para a formação do Estado. E, por essa razão, o Estado tem poder limitado. **O indivíduo está acima do governo instituído, pois seus direitos não são alienados;** ao contrário, é função do Estado preservá-los; e essa é a única justificativa para sua existência, visto que todas as ações da alçada do Estado indicadas até aqui têm como objetivo a preservação dos direitos dos sujeitos. Observemos também que não há menção à economia ou à interferência estatal em outras áreas que não a jurídica, a legal e a militar. O Estado deve, assim, respeitar as liberdades individuais (inclusive a liberdade de pensamento) e as ações das pessoas, mesmo no âmbito econômico – são os indivíduos que fazem as normas e regras referentes à economia e estas devem ser respeitadas, sem qualquer participação das autoridades governamentais.

É interessante notarmos também que Locke (2017, p. 72) deixa bastante claro o fato de que o governo estabelecido pela união das pessoas

> *não é exercido e é impossível que seja exercido de maneira absolutamente arbitrária sobre as vidas e sobre as fortunas das pessoas. Sendo ele apenas a fusão dos poderes que cada membro da sociedade delega à pessoa ou à assembleia que tem a função do legislador, permanece forçosamente circunscrito dentro dos mesmos limites que o poder que estas pessoas detinham no estado de natureza antes de se associarem em sociedade e a ele renunciaram em prol da comunidade social. Ninguém pode transferir para outra pessoa mais poder do que ele mesmo possui; e ninguém tem um poder arbitrário absoluto sobre si mesmo ou sobre qualquer outro para destruir sua própria vida ou privar um terceiro de sua vida ou de sua propriedade.*

> Em Locke, tal limitação do poder é fundamental por dois motivos: em primeiro lugar, retira do governante a posição social especial ou destacada, como tinham os reis absolutistas. O governante não detém mais poder do que os outros integrantes da sociedade formada. Em segundo lugar, sem qualquer vantagem sobre os demais, o governante também pode ser substituído em caso de abuso de poder. O povo, assim, não está submetido ao governo ou ao Estado. Ao contrário, é o governo quem deve atuar em prol e benefício daqueles que lhe formaram e legitimaram, sob risco de se iniciar um estado de guerra contra a população, como escreveu o autor.

Nesse sentido, novamente Locke deixa clara a distinção com os reinados absolutistas, em que os monarcas atuavam muitas vezes sem olhar as necessidades ou os interesses de toda a população, colocando-se como entidades superiores. Para o filósofo inglês, os governantes devem ser considerados funcionários do povo, passíveis de julgamento e rejeição por parte da população, que pode se rebelar contra eles. Os indivíduos que constituem o Estado, assim como os valores individuais prezados por eles, são os verdadeiros soberanos da sociedade descrita por Locke, e foi essa formação que se preconizou a partir dos séculos XVII e XVIII – Europa afora.

A explanação que fizemos acerca dos *Tratados sobre o governo civil* elaborados por Locke foi necessária para elucidarmos o pensamento desse autor e a forma como ele apresenta suas ideias liberais.

As ideias que expusemos revelam por que Locke é muitas vezes referido como o **pai do liberalismo**. Em seu texto, ele exalta o indivíduo e delimita claramente as funções do governo, deixando-o à parte de questões como economia. Essas duas características se intensificariam, especialmente a partir da segunda metade do século XVIII, com o avanço capitalista e industrial.

A questão dos direitos também é fundamental para Locke e, como aponta a autora Lynn Hunt, é interessante observarmos como direitos até então inexistentes ou pouco defendidos passaram a ser vistos como "naturais" e "inalienáveis", aparecendo em diversos documentos históricos importantes nos anos seguintes à publicação de Locke (e de outros pensadores que abordam a questão). A Declaração da Independência dos Estados Unidos, de 1776, por exemplo, parece sintetizar algumas das principais ideias de Locke, ao afirmar:

> Consideramos estas verdades como **evidentes por si mesmas**, que todos os homens são criados iguais, dotados pelo Criador de certos **direitos inalienáveis**, que entre estes estão a vida, a liberdade e a procura da felicidade. Que a fim de assegurar esses direitos, governos são instituídos entre os homens, derivando seus justos poderes do consentimento dos governados; que, sempre que qualquer forma de governo se torne destrutiva de tais fins, cabe ao povo o direito de alterá-la ou aboli-la e instituir novo governo, baseando-o em tais princípios e organizando-lhe os poderes pela forma que lhe pareça mais conveniente para realizar-lhe a segurança e a felicidade. (Hancock, 1776, grifos nossos)

Texto similar pode ser encontrado na *Declaração dos direitos do homem e do cidadão* (documento francês, de 1789) e até mesmo em nossa Constituição, em seu art. 5º, o que mostra o impacto de tais ideias para a constituição das sociedades contemporâneas ocidentais, amplamente baseadas nos ideais burgueses e liberais.

Outro aspecto importante da obra de Locke refere-se ao **trabalho**. Ao valorizá-lo e relacioná-lo à própria legitimação da propriedade, Locke oferece um *status* diferenciado (ou seja, mais importante) aos próprios burgueses. Chaui (2000, p. 520) aponta corretamente as implicações dessa relação ao afirmar que:

> a burguesia se vê inteiramente legitimada perante a realeza e a nobreza e, mais do que isso, surge como superior a elas, uma vez que o burguês acredita que é proprietário graças ao seu próprio trabalho, enquanto reis

e nobres são parasitas da sociedade. O burguês não se reconhece apenas como superior social e moralmente aos nobres, mas também como superior aos pobres. De fato, se Deus fez todos os homens iguais, se a todos deu a missão de trabalhar e a todos concedeu o direito à propriedade privada, então, os pobres, isto é, os trabalhadores que não conseguem tornar-se proprietários privados, são culpados por sua condição inferior. São pobres, não são proprietários e são obrigados a trabalhar para outros seja porque são perdulários, gastando o salário em vez de acumulá-lo para adquirir propriedades, ou são preguiçosos e não trabalham o suficiente para conseguir uma propriedade.

É notável, assim, que Locke legitima não só um grupo social em detrimento dos demais, como também lança as bases para a legitimação de uma estrutura política e econômica que privilegia tal grupo. Não é possível creditarmos apenas ao filósofo inglês o embasamento teórico que fundamenta a sociedade burguesa e liberal, mas é inegável a importância do autor ao ser o primeiro a conseguir articular tais ideias, defendendo uma visão compatível com o desenvolvimento capitalista que ocorreria a seguir e que já havia lançado suas bases na Inglaterra, valorizando a propriedade privada como direito natural, garantindo *status* diferenciado ao trabalho e à classe burguesa e definindo, sobretudo, um Estado que não estava acima de nenhuma pessoa, mas, ao contrário, se curvaria diante dos interesses individuais.

(5.5)
Adam Smith e a mão invisível

Se John Locke é considerado uma referência no que tange ao liberalismo político, o nome de Adam Smith tem o mesmo peso quando nos referimos ao **liberalismo econômico**. O escocês é um dos grandes nomes da economia política, ciência que surgiu no século XVIII, com o entendimento científico da economia. Entretanto, é preciso admitir: Smith tornou-se um autor polêmico, em parte porque sua obra foi amplamente disseminada, de tal modo que perdeu parte de seu sentido original. Ainda que apresentemos o economista como defensor da não interferência do Estado na economia, ele não é um autor radical. O teórico acredita no livre comércio, mas também vê a importância do Estado em outras atribuições, como a educação:

> Seria lícito então perguntar: não deverá o Estado dispensar nenhuma atenção à educação das pessoas? Ou, se alguma atenção deve dispensar, quais são as matérias que deve reconhecer, nas diversas categorias da população? E de que maneira as deverá reconhecer? Em alguns casos, o estado da sociedade necessariamente leva a maior parte dos indivíduos a situações que naturalmente lhes dão, independentemente de qualquer atenção por parte do Governo, quase todas as capacidades e virtudes exigidas por aquele estado e que talvez ele possa admitir. Em outros casos, o estado da sociedade não oferece a maioria dos indivíduos em tais situações, sendo necessária certa atenção do Governo para impedir a corrupção e degeneração quase total da maioria da população. (Smith, 1996, p. 243-244, v. II)

Smith também acreditava em algumas restrições do mercado, assim como em monopólios e subsídios em casos específicos. A famosa metáfora relacionada a ele, da **mão invisível**, aparece em sua obra mais famosa, *A riqueza das nações*, de 1776, apenas uma vez, quando explica por que é preciso restringir a exportação de mercadorias estrangeiras que podem ser produzidas no próprio país:

*já que cada indivíduo procura, na medida do possível, empregar seu capital em fomentar a atividade nacional e dirigir de tal maneira essa atividade que seu produto tenha o máximo valor possível, cada indivíduo necessariamente se esforça por aumentar ao máximo possível a renda anual da sociedade. Geralmente, na realidade, ele não tenciona promover o interesse público nem sabe até que ponto o está promovendo. Ao preferir fomentar a atividade do país e não de outros países ele tem em vista apenas sua própria segurança; e orientando sua atividade de tal maneira que sua produção possa ser de maior valor, visa apenas a seu próprio ganho e, neste, como em muitos outros casos, é **levado como que por mão invisível a promover um objetivo que não fazia parte de suas intenções**.* (Smith, 1996, p. 438, v. II, grifo nosso)

A analogia não aparece relacionada ao livre mercado na obra, como podemos acreditar em um primeiro momento. Além disso, a situação dos **pobres e desafortunados** também se mostrava uma preocupação do autor, manifestada na obra citada, ressaltando a desigualdade social percebida em seu tempo e os infortúnios que recaíam sobre os trabalhadores: "Onde quer que haja grande propriedade, há grande desigualdade. Para cada pessoa muito rica deve haver no mínimo quinhentos pobres, e a riqueza de poucos supõe a indigência de muitos" (Smith, 1996, p. 188, v. II).

> Mas, se Smith não é o defensor ferrenho e intransigente da livre economia, por que ele é tão aclamado como tal?
> É preciso entender que o pai da economia moderna apresenta uma defesa que não deixa de ser inovadora para sua época (a própria sistematização de seu pensamento econômico, por si só, já se mostrava uma novidade, dada a cientificidade de seus escritos e conclusões) –, e que o autor acredita, sim, que o mercado livre e autorregulado é o melhor possível.

O'Rourke (2008, p. 10-11) sintetiza o pensamento de Smith e revela a dimensão dos escritos do autor escocês:

> A riqueza das nações *discute três princípios básicos, e, por meio do simples pensamento e de numerosos exemplos, fornece sua prova. [...] O progresso econômico depende deste trio de prerrogativas individuais: a busca do interesse próprio, a divisão do trabalho e a liberdade de comércio. Nada há de intrinsecamente errado em se empenhar pelo próprio interesse. Esse foi o melhor insight de Smith [...] [que] não foi o primeiro filósofo a se dar conta da especialização ou a ver que a divisão é tão inata quanto o trabalho. Mas possivelmente foi o primeiro a compreender as múltiplas implicações da divisão de trabalho. De fato, parece ter sido o inventor da expressão.*

Smith posiciona-se contrário ao mercantilismo e às ideias dos economistas fisiocratas no que se refere ao enriquecimento e crescimento do Estado. Os primeiros defendem a acumulação de capital e o monopólio sobre o comércio com as colônias, e os fisiocratas creditam à terra e à produção agrícola a responsabilidade pelo enriquecimento estatal. Smith acredita que esse enriquecimento ocorre a partir da ação dos indivíduos pautada em uma "liberdade natural", que, em lugar de restringir as operações econômicas, só as faria aumentar. Nesse contexto, para Smith, o indivíduo, quando tem liberdade de ação, busca fazer o melhor para si, e isso leva ao que é melhor para a sociedade, como observamos nas passagens a seguir:

> *a lei sempre deveria deixar que as pessoas cuidassem elas mesmas de seus próprios interesses, uma vez que, na situação pessoal em que se encontram,*

geralmente têm condições de melhor julgar sobre o caso do que o poderia fazer o legislador. (Smith, 1996, p. 35, v. II)

O esforço natural de cada indivíduo para melhorar sua própria condição, quando se permite que ele atue com liberdade e segurança, constitui um princípio tão poderoso que, por si só, e sem qualquer outra ajuda, não somente é capaz de levar a sociedade à riqueza e à prosperidade, como também de superar uma centena de obstáculos impertinentes com os quais a insensatez das leis humanas com excessiva frequência obstrui seu exercício, embora não se possa negar que o efeito desses obstáculos seja sempre interferir, em grau maior ou menor, na sua liberdade ou diminuir sua segurança. (Smith, 1996, p. 44, v. II)

Ele também acredita que o próprio **mercado** produz o que é de interesse da população (e na quantidade necessária), assim, o valor a ser cobrado pelos produtos é acertado conforme a demanda. Tentativas do governo de intervir nesse processo, controlá-lo ou planejá-lo sempre denotariam resultados inferiores quando comparados com a ação econômica e mercadológica livre. Essa ideia foi responsável por elevar Smith ao *status* de que goza hoje e ajudou a fundamentar a ação de livre mercado dos liberais nos anos seguintes.

O autor ainda defende que o crescimento econômico de uma sociedade acontece quando há **divisão de trabalho**. De fato, quanto maior a especificidade das ocupações, maior a chance de aumento de produtividade e, por consequência, maior a riqueza que se obtém. É conhecida a passagem em que ele descreve a divisão de trabalho existente na época para a fabricação de um alfinete, constituída por "18 operações distintas, as quais, em algumas manufaturas são executadas por pessoas diferentes, ao passo que, em outras, o mesmo operário às vezes executa 2 ou 3 delas" (Smith, 1996, p. 66, v. I). Com isso, ele conclui que esses trabalhadores

conseguiam, quando se esforçavam, fabricar em torno de 12 libras de alfinetes por dia. Ora, 1 libra contém mais do que 4 mil alfinetes de tamanho médio. Por conseguinte, essas 10 pessoas conseguiam produzir entre elas mais do que 48 mil alfinetes por dia. Assim, já que cada pessoa conseguia fazer 1/10 de 48 mil alfinetes por dia, pode-se considerar que cada uma produzia 4 800 alfinetes diariamente. Se, porém, tivessem trabalhado independentemente um do outro, e sem que nenhum deles tivesse sido treinado para esse ramo de atividade, certamente cada um deles não teria conseguido fabricar 20 alfinetes por dia, e talvez nem mesmo 1 [...]
(Smith, 1996, p. 66, v. I)

Assim, ainda que reconheça as desigualdades do sistema industrial e capitalista que veio a se instalar a partir da segunda metade do século XVIII, Smith também entende o quanto esse sistema pode ser economicamente vantajoso em termos de produção – até porque ele também aponta que as pessoas desfavorecidas tenderiam a aplicar seus esforços para mudar tal condição, o que as levaria a trabalhar mais e, com isso, aumentar a riqueza geral. Cada pessoa deveria especializar-se na tarefa que sabe fazer, a fim de permitir com isso o crescimento do todo.

Para que seja possível tal vivência livre descrita por Smith, é preciso que o Estado atue pontualmente, mas que, de maneira geral, não interfira na economia, pois ela se regularia sozinha de acordo com o interesse dos sujeitos. Sendo assim, são deveres do soberano apenas: "proteger a sociedade contra a violência e a invasão de outros países independentes" (Smith, 1996, p. 170, v. II); "proteger, na medida do possível, cada membro da sociedade da injustiça ou opressão de todos os outros membros da mesma, ou o dever de estabelecer uma administração judicial rigorosa" (Smith, 1996, p. 170, v. II), criando instituições e obras públicas.

Vários outros aspectos da obra de Smith poderiam ser mencionados neste material, pela vastidão de assuntos tratados em seu livro (que é dividido em cinco partes). Vale destacarmos que a obra de Smith foi fundamental para o desenvolvimento da **teoria da formação de preços**, por exemplo. Ele também elabora uma extensa análise do impacto de empecilhos, como a formação de cartéis, para o desenvolvimento livre do comércio. Entretanto, neste livro, visamos apenas enfatizar alguns aspectos que nos ajudem a explicar como esse autor, ainda no século XVIII, conseguiu fundamentar uma postura econômica que seria amplamente adotada por governos ocidentais, especialmente a partir do século XIX.

> É possível constatarmos familiaridades entre as ideias defendidas por Locke e por Smith. Destacamos a importância que ambos atribuem ao **indivíduo** e à ação desimpedida deste; o primeiro em termos políticos, e o segundo, no aspecto econômico. O liberalismo, acima de tudo, preconiza uma postura que prima pelo sujeito – seus direitos, suas ações, seus interesses. O coletivo, o grupo, o núcleo social começa aos poucos a dar espaço ao novo ator social, que ganharia ainda mais destaque durante o século XX: o indivíduo. Também notamos que ambos colocam o Estado em uma função restrita, ainda que Smith seja mais flexível e considere setores em que o Estado se faz necessário, como na questão da educação da população.

É interessante ainda citarmos que muitos autores criticaram Smith por sua teoria da autorregulação do mercado, registrando que esse mecanismo não só seria falho, como também geraria mais desigualdade e concentração de renda nas mãos de poucos. Entretanto, até hoje o nome de Adam Smith é celebrado por liberais (e neoliberais) como a síntese dessa corrente de pensamento.

Síntese

Neste capítulo, apresentamos a história política da Inglaterra no século XVII, a fim de expormos o cenário em que ocorreu a tomada do poder pela burguesia naquele país, o que nos permite compreender não só o surgimento da defesa do liberalismo político entre os pensadores ingleses, mas também o pioneirismo inglês no desenvolvimento industrial.

Explicitamos que o liberalismo é uma corrente que defende a não intervenção do Estado na economia e, em sua vertente política, delimita os poderes reais e permite que a população atue como o real soberano, sujeitando o governante aos interesses da população.

Verificamos que Locke e Smith elaboraram obras que, em suma, corroboram teoricamente os avanços burgueses e capitalistas, que se intensificariam a partir da Independência dos Estados Unidos e da Revolução Francesa. Finalmente, pudemos observar como esse foi um período de significativa transformação, em que a força social e política do indivíduo se intensificou. Nesse contexto, uma série de direitos, inclusive o de propriedade, passaram a ser celebrados e vistos como naturais, sendo tarefa do Estado sua preservação.

Indicações culturais

Filme

MORTE ao rei. Direção: Mike Barker. Reino Unido: Film Four, 2003. 102 min.

Não há muitos filmes sobre a Revolução Inglesa, por isso essa obra já se destaca. Ela mostra o desenrolar da guerra civil da Inglaterra, começando em 1645, até a ascensão de Cromwell, incluindo aí disputas parlamentares e o conflituoso contexto da época, em que não havia unanimidade quando o assunto era julgar o rei – e acabar com a monarquia.

Atividades de autoavaliação

1. Sobre o contexto pré-revolucionário inglês do século XVII, assinale a alternativa correta:
   a) O Estado monárquico encontrava-se fortalecido pela cobrança de impostos liberada pelo Parlamento.
   b) A Inglaterra do começo do século era essencialmente agrária, mas o comércio ultramarino modificaria esse panorama.
   c) As guildas e as corporações de ofício ajudaram a propagar os produtos comercializados com as navegações por todo o território inglês.
   d) Jaime I e Carlos I continuaram a política iniciada por Elizabeth I, priorizando uma relação de apoio e dependência em relação à burguesia e à nobreza.
   e) Com os cercamentos, aumentava-se a produtividade do campo e o número de pessoas empregadas na agricultura e na criação de animais.

2. Acerca da Revolução Inglesa, relacione corretamente a segunda coluna à primeira.

i) Jaime II
ii) Carlos I
iii) Carlos II
iv) Realistas
v) Cabeças Redondas

( ) Grupo que, durante a guerra civil inglesa, lutou pelo rei. Era composto pela aristocracia.
( ) Com ele tem início a Restauração Inglesa, com a volta da monarquia à Inglaterra.
( ) Grupo que, durante a guerra civil inglesa, lutou pelo Parlamento. Era formado pela burguesia, pela *gentry* e pelos puritanos.
( ) Rei inglês decapitado em 1649 sob acusação de traição.
( ) Com sua deposição do poder, feita de forma pacífica, chegou ao fim o período revolucionário inglês.

Agora, assinale a alternativa que apresenta a sequência correta:

a) IV, III, V, II, I.
b) V, III, IV, II, I.
c) IV, III, V, I, II.
d) V, II, IV, III, I.
e) IV, II, V, I, III.

3. Pode ser considerada uma consequência da Revolução Inglesa:
a) a aprovação dos *Enclosure Acts* pelo parlamento inglês.
b) a ascensão de Oliver Cromwell ao cargo de Lorde Protetor da Inglaterra, Irlanda e Escócia.
c) o imediato início da Revolução Industrial no contexto inglês.
d) a base para o liberalismo econômico e político que vigoraria nos anos seguintes.
e) a ascensão social da nobreza, que governaria em conjunto com o Parlamento inglês, em igualdade.

4. Acerca de Locke, sua obra e a ideia de liberalismo político, assinale a alternativa correta:
a) O liberalismo político defendia o Estado mínimo de direito e foi amplamente empregado nas sociedades europeias logo após o fim da Revolução Inglesa.
b) De acordo com Locke, as pessoas viviam em um "estado de natureza" antes da formação do Estado. Nesse estágio, porém, o homem era o "lobo" do homem.
c) O Estado só é formado, de acordo com Locke, para defender os direitos inalienáveis à saúde, à vida, à liberdade.
d) A defesa da propriedade privada como direito artificial é uma das grandes inovações na obra de Locke.
e) Locke defendia o direito de o povo organizar-se contra seu soberano, em uma postura muito diferente daquela defendida pelos teóricos absolutistas.

5. A respeito de Adam Smith e sua obra *A riqueza das nações*, assinale a alternativa correta:
   a) Smith era um defensor radical do liberalismo econômico e da não intervenção do Estado na economia.
   b) *A riqueza das nações* é um material de pouco fôlego, em que o autor deixou diversas ideias incompletas, sendo por isso facilmente rebatidas por seus críticos.
   c) Uma das ideias defendidas por Smith é a de que o mercado se autorregularia, exceto nos casos de formação de cartéis e monopólios, que precisariam de supervisão estatal.
   d) A teoria de Smith sobre o enriquecimento dos Estados é baseada em três ideias principais: atuação do indivíduo, divisão do trabalho e autorregulação do mercado.
   e) As ideias de Smith há muito foram desacreditadas e cientificamente questionadas, de forma que atualmente seu material não se constitui mais em uma referência para os economistas.

Atividades de aprendizagem

Questões para reflexão

1. A partir do que foi discutido no capítulo, explique quais os pontos positivos e negativos do liberalismo político.

2. O liberalismo econômico é amplamente criticado por alguns teóricos. Pesquise as ideias de um desses críticos e disserte sobre elas, explicando se você concorda ou não com a postura defendida por ele.

Atividade aplicada: prática

1. O filme *Morte ao rei*, de 2003, mostra a vitória dos puritanos na guerra civil inglesa, em 1645. Na história, destacam-se dois personagens: Oliver Cromwell e Thomas Fairfax. Ambos tiveram bastante destaque nos eventos de 1645. No caso, Fairfax estava militarmente acima de Cromwell; este, porém, acabou sobrepondo-se ao seu superior. O filme mostra justamente os atritos entre ambos e as ideias contrárias que defendiam.

MORTE ao rei. Direção: Mike Barker. Reino Unido: Film Four, 2003. 102 min.

Explique como o filme retrata as posturas dos dois em relação ao desenvolvimento da revolução.

Capítulo 6
A modernidade

Neste capítulo, abordaremos as contradições e possiblidades que as mudanças sociais e econômicas do século XVIII na Europa nos legaram, observando sua relação com o nascimento de uma nova forma de existência, atualmente chamada de *modernidade*. Mas, afinal, o que é ser moderno e o que é a modernidade?

(6.1)
O CONCEITO DE *MODERNIDADE*

Ao analisar um conceito tão complexo quanto *modernidade*, buscamos defini-lo de quatro formas que podem ser descritas em separado, mesmo estando todas interligadas. Períodos históricos não são feitos de datas precisas, mas sim de marcos ou longos processos de transição.

A modernidade pode ser associada ao surgimento do capitalismo; à aceleração do tempo; à prática revolucionária; e teria como característica um aspecto inevitável, não se constituindo em mera escolha nacional, regional ou individual. Dada a complexidade do conceito, não pretendemos encerrar a discussão sobre o que é *modernidade*, mas apenas observar suas possíveis características.

> A modernidade pode ser associada ao surgimento do capitalismo; à aceleração do tempo; à prática revolucionária; e teria como característica um aspecto inevitável, não se constituindo em mera escolha nacional, regional ou individual.

Tratar do surgimento de uma nova maneira de produzir a existência talvez seja a forma mais apropriada para se analisar o surgimento da modernidade. Nas ciências sociais existem duas análises que, mesmo mantendo pontos de diálogo, são epistemologicamente antagônicas: a análise de Marx (1818-1883) e a de Weber (1864-1920).

Na análise de Marx, a modernidade seria inicialmente a **formação da classe capitalista** no plano econômico, com a apropriação de todas as formas de produção e, mais tarde, um processo político revolucionário – a tomada do poder, em que a Revolução Francesa era o caso mais explícito. O texto mais importante escrito pelo autor, que tratou da formação da classe capitalista, seria o capítulo XXIV de *O Capital*: "A chamada acumulação primitiva". Marx procurou fazer uma descrição do momento original (ele até mesmo faz uma comparação com o pecado original) da apropriação dos meios de produção pela burguesia e da formação da acumulação primitiva – o "D" (dinheiro-capital) inicial, da fórmula geral do capitalismo D-M-D (dinheiro-mercadoria--dinheiro acrescido de mais-valia).

Marx compreendeu o capitalismo como um sistema essencialmente violento, que procurou negar ao trabalhador a propriedade de todos os meios de produção, mediante a expulsão de enormes quantidades de camponeses das propriedades rurais e dos campos, para dar lugar à criação de ovelhas, por exemplo. Essa negação da propriedade aos trabalhadores é um pressuposto da formação de uma sociedade capitalista moderna. E, quando se trata de datar a era capitalista, Marx chega ao século XVI como o período fundamental. Seus exemplos são essencialmente centrados na realidade britânica do século XVI.

Por outro lado, Weber, em *A gênese do capitalismo moderno*, entende que existem seis pressupostos para a existência do capitalismo moderno. Diferentemente de Marx, Weber não pretende fazer um histórico do momento em que se fundou o capitalismo moderno, mas sim entender quais foram as peculiaridades históricas que o tornaram possível no Ocidente.

Os pressupostos eram: (1) a apropriação de todos os meios de produção, em um sentido muito similar ao marxista; (2) a liberdade de mercado sem restrições irracionais; (3) a técnica racional, ou seja, maximamente calculável e, por conseguinte, mecanizada; (4) o direito racional; (5) o trabalho livre: pautado na prática em que pessoas são obrigadas a trabalhar pela sua condição de não proprietários; e (6) o uso generalizado de títulos de valor (mercado de ações). Em sua análise, a racionalização do direito e o surgimento da contabilidade racional eram os dois pontos fundamentais. O capitalismo necessitava da previsibilidade, pois isso o separaria, digamos, de fraudes como as das tulipas na Holanda[1] do século XVII –, mesmo sofrendo de crises econômicas e de especulação (Weber, 2006, p. 15-17).

Há outro aspecto importante para Weber, trabalhado em sua obra *A ética protestante e o espírito do capitalismo*: a ênfase dada à noção de **tradicionalismo econômico**. Como o autor afirma, o *tradicionalismo* era um obstáculo ao capitalismo moderno: "Para se impor, o espírito capitalista [...] teve de travar duro combate contra um mundo de forças hostis" (Weber, 2005, p. 49). Conforme descrito por Weber, esse obstáculo era o inimigo histórico da mentalidade econômica capitalista moderna. O exemplo dado pelo economista alemão para descrever o tradicionalismo é o seguinte: para aumentar a produtividade do trabalho, os empresários decidiram aumentar o rendimento pago ao trabalhador por tarefa. Mas o que ocorreu foi o inverso do imaginado: uma diminuição da produção. Ganhar mais não atraía o trabalhador, mas sim manter o mesmo nível de renda de sempre; a lógica envolvia o seguinte questionamento: "Quanto devo trabalhar para ganhar a mesma quantia que recebi até agora e

---

[1] *A Febre das Tulipas foi o primeiro caso de especulação de valores conhecido, ocorrido na Holanda. A crise foi causada pelo comércio de bulbos de tulipas entre os holandeses a preços altíssimos. Negócio lucrativo, a compra de bulbos da planta passou a ser considerada um interessante investimento, chegando a envolver contratos de futuros e negociação na Bolsa de Valores. Após alguns acontecimentos que levaram à perda de confiança nesses contratos, muitos investidores tentaram fazer o resgate dos valores, o que desencadeou uma crise no mercado.*

que cobre as minhas necessidades tradicionais?" (Weber, 2005, p. 53).

O tradicionalismo pode ser entendido como um **entrave cultural** ao capitalismo moderno – uma abordagem diferente da de Marx, que não valorizava (mas também não ignorava) a cultura como fator determinante nas relações sociais entre trabalhadores e burgueses. Para que o capitalismo moderno saísse dominante como forma de produção, seria necessário acabar com tal mentalidade.

O segundo ponto relativo à modernidade refere-se à noção de **aceleração do tempo**. Esse não é um assunto propriamente moderno – surgiu muito tempo antes do capitalismo e estava ligado a uma religião, o cristianismo. Inicialmente entendido como um sinal do fim dos tempos, por homens devotos como Lutero, nos séculos XV e XVI, esse conceito passou por um processo de secularização e foi assumido inicialmente pelos grupos revolucionários franceses no século XVIII. Havia a necessidade, então, de acelerar o tempo em benefício da Revolução. Como afirma Koselleck (2006, p. 25):

> *Para Lutero, a abreviação do tempo é um sinal visível da vontade divina de permitir que sobrevenha o Juízo Final, o fim do mundo. Para Robespierre, a aceleração do tempo é uma tarefa do homem, que deverá introduzir os tempos da liberdade e da felicidade, o futuro dourado.*

Essa aceleração do tempo não esteve restrita aos revolucionários franceses, mas ecoou no século XX – a exemplo da Revolução Russa, em 1917. Quando Marx pensou em uma sociedade socialista/comunista, ele não se referiu de modo algum a uma sociedade agrária, como era a sociedade russa no início do século XX. As sociedades capitalistas europeias (Alemanha, França, Inglaterra) mesmo que ainda na época de Marx tivessem parte considerável de sua população vivendo no campo, eram as únicas capazes de produzir um movimento socialista. Isso porque, para esse autor, a revolução deveria ser feita por uma classe (o proletário), a qual somente existiria em um país industrializado, com um alto grau de desenvolvimento das forças produtivas (Marx, 2007, p. 38-39).

Quando tomaram o poder em outubro de 1917, os revolucionários russos tinham consciência disso. A resposta desse grupo teve duas vertentes: (1) exportar a Revolução Russa para outros locais, em especial a Alemanha, acelerando racionalmente o processo revolucionário; (2) acelerar a industrialização e a coletivização do campo na Rússia, em um processo similar à acumulação primitiva, mas feito em tempo reduzido, para que os russos pudessem chegar mais perto da temporalidade dos países desenvolvidos europeus (Deutscher, 2006, p. 117).

Nesse contexto, era necessário entender a história e aplicar racionalmente um método que funcionasse como um catalisador de relações sociais. A realidade social necessitava de um controle exterior, de um plano de desenvolvimento, de um "plano geral", formulado de cima para baixo.

Isso conduziu à prática revolucionária. *Revolução*, um conceito, como já afirmamos, antes aplicado apenas no sentido da física, significando uma volta completa ao redor de um objeto, ganhou um sentido prático completamente novo depois de 1789: a interrupção de uma ordem dada, o início de algo inteiramente novo, algo bom, que deve ser desejado por todos.

Koselleck (2006) trata de sete sentidos que a palavra *revolução* tomou depois de 1789.
1. Condizente a uma questão meramente semântica – o termo só pode ser tratado no coletivo singular. É a síntese de todas as revoluções em uma única. O autor usa o termo *meta-histórico* para descrever essa revolução, que seria uma ordenação histórica da convulsão social – o conceito é separado completamente de seu antigo sentido natural, do mundo físico.
2. A aceleração do tempo no cotidiano.
3. A união (ou submissão) dos conceitos de *Estado moderno* e de *revolução* – na Alemanha, o *contre-révolutionnaire* (contrarrevolucionário) correspondia ao inimigo do Estado.
4. Revolução Francesa como conceito de perspectiva na história da filosofia – com a análise das diferentes fases dessa revolução, seria possível criar prognósticos aplicáveis ao futuro para outras revoluções. Estas seriam dadas como irreversíveis, pois teriam sido apropriadas pelo conceito de *evolução* do século XIX.
5. A revolução moderna como política/social – a noção de que a revolução objetivava a emancipação do homem seria inédita, não tendo qualquer possibilidade de comparação com outros momentos históricos.
6. Caráter universal da revolução – a revolução moderna não trata apenas de um país ou de uma região específica, mas sim do globo terrestre. Trata-se, portanto, de uma revolução universal do ponto de vista geográfico e permanente no sentido temporal.
7. Ideia de que é possível fazer uma revolução – algo que o autor trata como impensável em outros tempos – e promover a formação de um grupo de revolucionários profissionais, com o objetivo de tomar o poder. Isso estaria ligado à legitimidade da revolução, pois esta se assentaria na própria filosofia da história (a compreensão de leis que regem os homens em busca de um futuro imaginado).

Durante o século XX, é difícil encontrar um movimento social que não tenha utilizado o termo *revolução* para descrever sua tomada do poder. Como afirma Koselleck (2006, p. 61), tratando da disseminação do termo:

> *Poucas palavras foram tão largamente disseminadas e pertencem de maneira tão evidente ao vocabulário político moderno quanto o termo "revolução". Trata-se de uma dessas expressões empregadas de maneira*

enfática, cujo campo semântico é tão amplo e cuja impressão conceitual é tão grande que poderia ser definida como um clichê.

Apenas para ficarmos em três exemplos: o golpe militar de 1964, no Brasil, foi denominado pelos vitoriosos de *Revolução de 1964*. Quando, em 1979, no Irã, o Xá foi derrubado e no seu lugar um grupo messiânico tomou o poder, esses homens não sentiram o menor pudor em utilizar o termo *revolução* ou *guarda revolucionária* para descrever suas práticas – mesmo sendo um regime islâmico que acredita na volta do messias, na submissão da mulher ao homem, em complôs judaicos, na aplicação da Sharia, na negação da existência de homossexuais e no desprezo pelo Ocidente. O último exemplo é a Revolução de Veludo, na antiga Checoslováquia, em 1989, que, mesmo não utilizando métodos violentos, possibilitou o fim da dominação de um único partido. Não deixa de ser interessante que um movimento que pretendia dar um fim à dominação comunista fosse descrito e taxado de *revolucionário*. Podemos dizer que o termo *revolução*, no final do século XX, de certa forma voltou à sua origem semântica: "restauração", ou uma volta completa – da mesma forma que Hobbes entendeu os vinte anos transcorridos depois da Grande Revolução Inglesa de 1660.

Sem dúvida todos esses exemplos são um tanto irônicos. Mas também têm um sentido que não pode passar despercebido: *revolução* deixou de ser um termo ocidental ou europeu e pôde ser aplicado por qualquer grupo que quisesse mobilizar as massas contra uma suposta tirania. O exemplo do método revolucionário francês do século XVIII teve (e tem) um caráter universal, podendo ser utilizado por grupos heterogêneos, desde militares brasileiros até radicais islâmicos do século XXI.

Ricardo Selke e Natália Bellos

Esse fato está ligado ao **processo de europeização do mundo** – o caráter inevitável da modernidade –, que se iniciou durante as grandes navegações. *Inevitável*, pois esse processo não pode ser parado, apenas copiado. Isso não quer dizer, contudo, que havia um destino, ou teleologia, levando o homem ao capitalismo. Utilizamos o termo *inevitável* da mesma forma que Marx entendeu o processo de globalização – a criação de um mercado mundial – pela burguesia. Em *O Manifesto Comunista*, Marx (2006, p. 30) afirmou: "Pelo rápido desenvolvimento de todos os instrumentos de produção, pelas comunicações infinitamente facilitadas, a burguesia impele todas as nações, mesmo as mais bárbaras, para a torrente da civilização".

Não se trata de uma escolha: está mais próximo de uma imposição. Em sua lógica, a constante expansão era um imperativo do capitalismo, possibilitado pela produção em massa. E, ressalte-se, o imperialismo europeu do século XIX representou essa prática: a abertura de novos mercados. Todas as nações que não reuniam condições de defesa (não apenas militar, mas econômica) foram conquistadas de alguma forma. O caso mais conhecido é a China. Logo, estudar o nascimento da modernidade é estudar as revoluções que modificaram a maneira com que a humanidade se relacionava politicamente desde tempos imemoriáveis, bem como seu aspecto econômico, tirando milhões de pessoas do campo e levando-as à cidade. Essas revoluções foram a Inglesa, a Americana, a Industrial e a Francesa. Também é o estudo de uma região do globo, pois é difícil separar o conceito de *modernidade* sem pensarmos que, acima de tudo, tratava-se de um movimento intelectual e político europeu – mesmo que seus ideais tenham extrapolado os limites do continente e chegado à América e à Ásia. Esse foi o processo de ocidentalização do mundo, quando os valores e ideologias da Europa tornaram-se universais e foram reconhecidos como avançados.

O mundo em que vivemos hoje é descendente desse processo, bastando observar o predomínio da língua inglesa e a adoção do vestuário ocidental como o único aceitável por muitas elites e regiões do globo. Mas ficamos com o questionamento: Quais eram esses valores e essas ideologias? Abordaremos a seguir os fundamentos da ideologia secular europeia e posteriormente a Revolução Francesa, que se tornou um tipo ideal de revolução, uma vez que expôs todas as contradições e possibilidades de um movimento que pretendia mudar as relações sociais ao seu redor.

(6.2)
A IDEOLOGIA SECULAR: RACIONALISMO E A CRÍTICA DOS DOGMAS

Do ponto de vista filosófico, o grande representante do racionalismo foi René Descartes (1596-1650). Considerado o primeiro pensador da modernidade, uma de suas contribuições foi construir um método de pesquisa, entendido como *racional* e, por isso, superior a todos os outros, com o qual seria possível determinar a verdade do objeto estudado – demonstrando um otimismo enorme com relação à capacidade da mente humana e da ciência. Descartes era um homem da ilustração europeia, mas isso não o tornava um ateu ou um descrente. Ele foi um homem crente em Deus e em seus escritos reafirmou a existência do divino. Entretanto, isso não impediu a Igreja Católica de anexar os livros do pensador no *Index* – o índice de livros proibidos a todos os católicos.

Figura 6.1 – *René Descartes*, de Jonas Suyderhoff

SUYDERHOFF, J. **René Descartes**. 1650. Reprod. de Frans Hals: p&b.; 31,4 × 23,1 cm, em gravura sobre papel. National Gallery of Art, Washington, EUA.

E qual era o fundamento do método de Descartes? Em primeiro lugar, em uma revolução de paradigma, ele elevou a dúvida à categoria de primeiro passo para se alcançar a verdade, a razão – em total oposição com o dogma e a impossibilidade de duvidar ou discordar. O Sócrates platônico havia dito que "tudo o que sabia, era que nada sabia", mas Descartes foi além, expondo que o conhecimento partia da imposição do questionamento, não aceitando algo como verdadeiro apenas porque alguém havia estabelecido uma crença no passado. Em suas palavras, o método se iniciava com quatro regras:

O primeiro – consistia em nunca aceitar, por verdadeira, cousa nenhuma que não conhecesse como evidente; isto é, deveria evitar cuidadosamente a precipitação e a prevenção; e nada incluir em meus juízos que não se apresentasse tão clara e tão distintamente ao meu espírito que não tivesse nenhuma ocasião de o pôr em dúvida.

O segundo – dividir cada uma das dificuldades que examinasse em tantas parcelas quantas pudessem ser e fossem exigidas para melhor compreendê-las.

O terceiro – conduzir por ordem os meus pensamentos, começando pelos objetos mais simples e mais fáceis de serem conhecidos, para subir, pouco a pouco, como por degraus, até o conhecimento dos mais compostos, e supondo mesmo certa ordem entre os que não se precedem naturalmente uns aos outros.

E o último – fazer sempre enumerações tão completas e revisões tão gerais, que ficasse certo de nada omitir. (Descartes, 2011, p. 40)

Intencionalmente ou não, as teses defendidas por Descartes entraram em conflito com a ideologia religiosa da maioria dos habitantes da Europa de seu tempo, crentes em suas verdades absolutas – que, acima de tudo, não precisavam ser observáveis, muito menos questionadas. A dúvida era mais importante que a certeza – um pensamento herético, sem dúvida.

Há outro aspecto da modernidade europeia que não pode ser ignorado: sua **crença na razão** como o caminho da verdade, e sua oposição (em alguns casos, negação) aos valores e dogmas das igrejas cristãs. Hobsbawm (2015) intitula esse movimento de *ideologia secular*. *Secular* não no sentido de "séculos", mas de separação da religião e da monarquia, no combate ao domínio da instituição religiosa sobre a política, a educação e a justiça – o avanço de ideais liberais, soterrando os antigos valores religiosos.

Nesse contexto, emergem as ideias de Jean-Jacques Rousseau (1712-1778) e a crença de que a razão humana seria capaz de guiar a humanidade à felicidade, à verdade e ao progresso, o que representou uma mudança na consciência histórica do que era o ser humano. Se para Maquiavel o homem era naturalmente mau e traiçoeiro, e se para Hobbes o estado de natureza era a guerra de todos contra todos, em Rousseau o homem nascia bom, mas o convívio em sociedade, em que o homem rico impunha sua dominação, era o que tornava *a posteriori* uma pessoa egoísta e propensa à maldade. O homem de Rousseau é uma interpretação do nativo americano e dos relatos dos navegadores europeus, que, acreditando ter encontrado na América uma população ingênua e bondosa, fizeram do nativo um contraponto ao homem europeu, ávido pelo lucro. Esta foi uma idealização do indígena, pois ignorava completamente as histórias desses povos, muitas vezes marcados por guerras – em nada diferentes dos próprios europeus modernos. No entanto, ao criticar a organização da sociedade de seu tempo, expondo que na América havia uma sociedade mais justa que a europeia, o filósofo francês expôs a desigualdade não como fruto da ordem de Deus na Terra, mas como uma ação planejada e orquestrada pelas camadas mais ricas, interessadas na perpetuação da pobreza.

Intencionalmente ou não, as teses defendidas por Descartes entraram em conflito com a ideologia religiosa da maioria dos habitantes da Europa de seu tempo, crentes em suas verdades absolutas – que, acima de tudo, não precisavam ser observáveis, muito menos questionadas.

A negação dos dogmas legados pela Idade Média enfraqueceu a sociedade aristocrática e deu início a um processo revolucionário que marcaria até mesmo o século XX: **a crença de que a sociedade pode mudar com a ação de seus cidadãos e de que não há um estado natural imutável.** Por mais de mil anos, homens e mulheres europeus haviam se acostumado com a presença de senhores feudais, bispos, nobres e cavalheiros – mas isso estava para mudar rapidamente.

(6.3)
A REVOLUÇÃO FRANCESA

A Revolução Francesa (1789-1799) é reconhecida como a principal referência de um processo revolucionário, deixando tanto as revoluções precedentes quanto as posteriores em um patamar de importância abaixo do seu. Antes dela, em 1775, os estadunidenses iniciaram um movimento revolucionário (com o apoio da monarquia absolutista francesa) e, vitoriosos, estabeleceram pela primeira vez na história uma constituição que previa e compreendia os direitos do homem como "evidentes em si", sem a necessidade de legitimá-los na existência de Deus ou nos limites de um quadro nacional. Os americanos foram além, estabelecendo a separação entre a Igreja e o Estado, permitindo que o livre pensamento fosse respeitado. Mesmo assim, seu impacto não é comparável com o da Revolução Francesa. Por quê? Qual foi a novidade da Revolução Francesa? O povo ter executado o rei? Como expusemos, os ingleses já haviam feito isso no século XVII.

O primeiro motivo é que a Revolução Francesa atingiu o mais importante país da Europa no século XVIII: o mais rico, o mais populoso e, certamente, o mais influente culturalmente. Seu impacto foi sentido de Lisboa a Moscou e teve ressonância inclusive no Brasil colonial. Como observa o jornalista Andrew Marr (2015, p. 351):

a França era o melhor país da Europa. Era o centro das ideias e das modas.
O francês era a língua internacional da diplomacia e da boa sociedade.
Seus exércitos eram enormes, e sua marinha, ainda não humilhada por

Nelson, metia medo. Paris se achava a capital da civilização, e, para muitos, que ainda mal tinham consciência da China e do Japão, isso parecia uma obviedade. Portanto, o impacto da Revolução Francesa – o maior acontecimento na política europeia desde a queda do Império Romano do Ocidente – sempre seria sentido no restante do continente. Revelou-se ainda mais importante do que isso. Juntamente com a revolução industrial, as duas mudanças concomitantes na cena europeia sem dúvida alteraram o curso da história humana.

Como muitas revoltas populares, a Revolução se iniciou quando um governo impopular (o de Luís XVI) observou que o Estado estava financeiramente quebrado, sendo necessário o aumento dos impostos a todos os segmentos da sociedade. O principal motivo que levou ao colapso das finanças do reino francês foi a ajuda militar francesa aos revolucionários estadunidenses em sua luta contra os britânicos. Vale lembrar que a Guerra dos Sete Anos (1756-1763), em que França e Inglaterra antagonizaram-se, também afetou os cofres franceses.

Em uma atitude de diálogo e de sinalização da dimensão da crise em que o Estado francês se encontrava, Luís XVI convocou os **Estados Gerais**, em 5 de maio de 1789 (Figura 6.2) – uma reunião dos três grandes segmentos da sociedade francesa: 1) clero, 2) aristocracia e 3) o restante da sociedade, como advogados, intelectuais, camponeses e burgueses – todos liderados pela figura do rei. O objetivo do monarca era encontrar uma saída para a crise financeira, e até mesmo os privilégios do clero e dos grandes proprietários poderiam ser negociados, visto que eles não pagavam a maioria dos impostos existentes.

Dada a dinâmica da sociedade, fundada na desigualdade entre as pessoas, a reunião foi um fracasso, pois o Primeiro Estado (clero) estava em união com o Segundo Estado (aristocracia), impedindo que seus privilégios fossem afetados, mesmo que minimamente.

Conforme a regra estabelecida, a vitória em uma votação ocorria pela união entre os "Estados", não pelo desejo da maioria dos votantes. Assim, a aristocracia e o clero, mesmo representando a minoria absoluta da população francesa, compunham a maioria dos "Estados", pois garantiam 2/3 dos votos.

Figura 6.2 – *Abertura dos Estados Gerais, em 5 de maio de 1789*, de Isidore-Stanislaus Helman e Charles Monnet

HELMAN, I.-S. (gravura); MONNET, C. (esboço). **Abertura dos Estados Gerais, em 5 de maio de 1789.** Gravura. Biblioteca Nacional da França, Paris, França.

Esse sistema injusto de votação levou a uma nova organização, liderada majoritariamente pela população do Terceiro Estado: a Assembleia Nacional (formada em 17 de junho). Em 14 de julho, a revolta alastrava-se por Paris: os franceses invadiram a prisão da **Bastilha**, local em que o exército guardava grande quantidade de armamentos. A Bastilha também era um símbolo do absolutismo, pois lá não estavam apenas os bandidos comuns, mas também pessoas que eram contra a monarquia e a Igreja. Atualmente, a data dessa invasão é o principal feriado francês, mas a invasão em si não marcou o fim da monarquia. Visto com uma distância de quase 300 anos, é de se estranhar que logo esse evento tenha virado um feriado nacional, e não o estabelecimento da Assembleia Nacional pelos revolucionários – afinal, dela nasceria a noção moderna de *direitos humanos*.

Da Assembleia Nacional adveio o documento que estabeleceu, pela primeira vez na Europa, a igualdade dos homens, independentemente de seu nascimento e de sua classe social. Seus princípios eram: **igualdade, liberdade e fraternidade**. Seus primeiros artigos, divulgados em 28 de agosto de 1789, definiam:

> *Art. 1º Os homens nascem e são livres e iguais em direitos. As distinções sociais só podem fundamentar-se na utilidade comum.*
>
> *Art. 2º A finalidade de toda associação política é a conservação dos direitos naturais e imprescritíveis do homem. Esses direitos são a liberdade, a propriedade, a segurança e a resistência à opressão.*
>
> *Art. 3º O princípio de toda a soberania reside, essencialmente, na nação. Nenhum corpo, nenhum indivíduo pode exercer autoridade que dela não emane expressamente.*
>
> *Art. 4º A liberdade consiste em poder fazer tudo que não prejudique o próximo: assim, o exercício dos direitos naturais de cada homem não tem por limites senão aqueles que asseguram aos outros membros da sociedade o gozo dos mesmos direitos. Estes limites apenas podem ser determinados pela lei.*

Art. 5º A lei proíbe senão as ações nocivas à sociedade. Tudo que não é vedado pela lei não pode ser obstado e ninguém pode ser constrangido a fazer o que ela não ordene. (Declaração..., 1789)

De todas as transformações estabelecidas pela Revolução Francesa, a que teve maior impacto foi a crença na igualdade entre os homens e em seus direitos naturais, havendo no povo o fundamento da legitimidade do governo. O governante não era mais, portanto, um representante de Deus na Terra, mas um cidadão escolhido pela maioria da população de um país. Todas as constituições modernas democráticas (inclusive a brasileira de 1988) buscaram inspiração nessas palavras.

Para a filósofa alemã Hannah Arendt (2014, p. 395):

A Declaração dos Direitos do Homem, no fim do século XVIII, foi um marco decisivo na história. Significaria que doravante o Homem, e não o comando de Deus nem os costumes da história, seria a fonte da Lei. Independente dos privilégios que a história havia concedido a certas camadas da sociedade ou a certas nações, a declaração era ao mesmo tempo a mostra de que o homem se libertara de toda espécie de tutela e o prenúncio de que já havia atingido a maioridade.

Os franceses demonstraram que uma população poderia se organizar e derrubar um regime tirano e estabelecer a igualdade entre todos os cidadãos, mudando completamente os direitos e a divisão de riquezas dentro da França.

A Revolução Francesa não foi feita ou liderada por um partido ou movimento organizado, no sentido moderno, nem por homens que estivessem tentando levar a cabo um programa estruturado. Nem mesmo chegou a ter "líderes" como as revoluções do século XX, até o surgimento da figura pós-revolucionária de Napoleão. (Hobsbawm, 2015, p. 105)

O movimento de transformação pode parecer banal na atualidade, pois a derrubada de governos autoritários é encarada com normalidade no século XXI. Mas devemos lembrar que, no século XVIII, na Europa (dominada havia séculos por uma aristocracia), isso foi considerado pela elite e por alguns intelectuais como uma anomalia, uma quebra momentânea da ordem divina, sendo possível posteriormente voltar aos bons e velhos tempos quando os reis e a Igreja Católica eram os principais proprietários de terras. Napoleão chegou a ser comparado à figura do anticristo pelos seus críticos mais ferrenhos. Liev Tolstói (1828-1910) inicia o seu clássico *Guerra e Paz*, retrato do impacto da Revolução Francesa na elite russa, escrito entre 1863 e 1869, da seguinte forma:

> — *Bem, meu príncipe. Gênova e Luca não passam de apanágios, propriedades da família Buonaparte. Não, eu o advirto que, se me diz que não teremos guerra, se o senhor se permitir ainda abrandar todas as infâmias, todas as atrocidades desse Anticristo (palavra de honra, creio nisso), eu não o reconheço mais, o senhor não é mais o meu amigo, não é mais fiel escravo, como diz o senhor.* (Tolstói, 2011, p. 27)

Não houve retorno à velha ordem. Mesmo com a derrota militar dos franceses em 1815, os aristocratas não conseguiram impedir o avanço de novas relações, estabelecidas por homens livres e iguais. Ao examinarmos as feições da Europa atual, fica evidente que nosso mundo é o da Revolução Francesa, e não o da aristocracia.

A Revolução Francesa também estabeleceu a divisão política entre a direita e a esquerda – respectivamente, os girondinos e os jacobinos. Estes dominariam a Convenção Nacional republicana (organização política que substituiu a Assembleia Nacional e a Assembleia Legislativa) por três anos (1792-1795). Foi um período de radicalismo. Ao perceberem que a revolução corria o risco de ser derrotada, pois as monarquias vizinhas à França demonstravam interesse na manutenção do regime de Luís XVI e podiam invadir o país a qualquer momento, os jacobinos iniciaram um processo de violência contra as antigas classes dominantes, como padres e aristocratas. Em 1793, Luís XVI e sua esposa, Maria Antonieta, foram mortos na guilhotina, o primeiro equipamento de execução em massa da Idade Moderna. O homem que sintetizou o radicalismo da Revolução foi o jacobino Maximilien Robespierre (1758-1794). Seu controle do Comitê de Segurança Pública, responsável pela ordem e conservação dos valores revolucionários, resultou no estabelecimento do que ficou conhecido como *Período do Terror* (1792-1794) e na morte de 40 mil pessoas – todas consideradas inimigas do novo regime. Se a revolução havia se iniciado aclamando os direitos de igualdade, liberdade e fraternidade, logo desembocou na tirania e na morte sumária de milhares. Havia um conflito moral, similar ao estabelecido por Maquiavel: para manter a revolução e seus ideais, era necessário combater o inimigo com uma crueldade que até mesmo o absolutismo desconhecia – ao menos, assim, os revolucionários legitimavam seu domínio e a morte de seus compatriotas. Para muitos historiadores, foi o início de um processo que está ligado à Revolução Russa (1917) e à Chinesa (1949): a eliminação física das pessoas que são contrárias às ideias dos revolucionários.

Esse era o processo de matança interno, porém, externamente, os franceses tiveram de combater quase todas as monarquias europeias no campo de batalha (ou no mar, contra a Inglaterra), de 1792 até 1815 – quando Napoleão foi derrotado em Waterloo –, com alguns períodos breves de paz. As tropas francesas, em longas marchas, invadiram a Península Ibérica, os reinos germânicos e a Rússia, chegando a Moscou. Retornemos um pouco no tempo: em 1799, com a chegada de um jovem militar de origem corsa (Napoleão Bonaparte) à condição de Cônsul, a Revolução chegou ao seu período de estabilização. A coroação de Napoleão como imperador em 1804 marcou a tentativa de dar uma velha roupagem (título aristocrático) a algo novo (um homem até então desconhecido, que nunca teria chegado ao poder em um regime monárquico). Até mesmo as relações com a Igreja Católica foram restabelecidas – o papa participou da cerimônia de coroação de Napoleão, em que este, em uma atitude simbólica, pôs a coroa em sua própria cabeça, como se afirmasse que seu reinado foi uma conquista pessoal e merecida. A coroação emblemática foi retratada em obra famosa de Jacques-Louis David, pintor oficial de Napoleão e de sua corte (Figura 6.3).

Figura 6.3 – *A coroação do imperador Napoleão I e a coroação da imperatriz Josefina na catedral de Notre-Dame*, de Jacques-Louis David

DAVID, J.-L. **A coroação do imperador Napoleão I e a coroação da imperatriz Josefina na catedral de Notre-Dame**. 1805. Óleo sobre tela: color.; 621 cm × 979 cm. Museu do Louvre, Paris, França.

Se a Revolução Americana havia ficado restrita a uma pequena parte de um novo continente, a Francesa se expandia e desafiava as classes aristocráticas europeias, influenciando movimentos que a viam como modelo a ser seguido. Um dos países que se espelhou no movimento francês foi o Brasil, ainda uma colônia de Portugal – tema que abordaremos a seguir.

(6.4)
BRASIL, ENTRE O ATRASO E O AVANÇO

Como compreender o papel do Brasil no início da modernidade? Em primeiro lugar, devemos contextualizar nossa condição social, política e econômica. Politicamente dependente de Portugal, o Brasil seguia na contramão da modernidade: ingleses e franceses derrubavam seus reis e estabeleciam um sistema político mais moderado, com a divisão de poderes (Legislativo, Executivo e Judiciário) como princípio central; brasileiros receberam a corte portuguesa em 1808 em suas terras. Fugindo de Napoleão Bonaparte, que havia invadido a Península Ibérica como uma maneira de pressionar a Inglaterra, Dom João VI teve um papel importante na história brasileira: além de abrir os portos ao comércio exterior (quebrando assim o monopólio português), deixou seu filho, Dom Pedro I, como Imperador do Brasil, fato que culminou com a Independência em 1822.

Economicamente, o Brasil era peça fundamental (e nova) do capitalismo mercantil. Se inicialmente o país ficou conhecido apenas pela extração de madeira, depois ficou marcado pelo açúcar, pelo engenho e pela escravidão. América, Europa e África estavam unidas mais do que nunca em um projeto econômico, tendo o lucro europeu como a principal razão de ser.

> O comércio transatlântico de escravos era controlado pelos grandes da terra, pelos poderosos da Europa, da África e das Américas. Fazia parte de um processo de integração econômica do Atlântico, que envolvia a produção e a comercialização, em grande escala, de açúcar, algodão, tabaco, café e outros bens tropicais, um processo no qual a Europa entrava com o capital, as Américas com a terra e a África com o trabalho, isto é, com a mão de obra cativa. (Silva, 2008, p. 89)

Socialmente, éramos uma **terra de extremos**: senhores e escravizados, ricos e miseráveis, liberdade e escravidão. A desigualdade e o privilégio nos definiam, e não poderia ser diferente em um regime assentado na escravidão. Os franceses, em 1789, mudaram e derrubaram todas as antigas instituições medievais (especialmente a divisão da sociedade em estamentos), estabelecendo liberdade, igualdade e fraternidade como os parâmetros para uma sociedade mais justa. No Brasil do século XVIII, vivíamos a sociedade escravocrata, conhecida pela sua violência. Na célebre definição de Gilberto Freyre (2009, p. 65) sobre os primórdios da sociedade brasileira: "[...] agrária na estrutura, escravocrata na técnica de exploração econômica, híbrida de índio – e mais tarde negro – na composição".

Difícil é mensurar a violência da escravidão no país – o principal legado que até hoje está presente na nação. Essa violência começava no continente africano, quando milhões de pessoas eram retiradas à força de seus reinos e levadas em navios imundos até o outro lado do Atlântico. Chegando ao novo continente, eram expostas em mercados públicos, leiloadas e vendidas. Famílias eram separadas, com

> Um dos grandes mitos da história brasileira se refere à suposta existência de uma escravidão em que os africanos e descendentes de europeus souberam coexistir em harmonia com os senhores de escravos, evitando excessos em seus maus-tratos.

o único propósito de evitar que os africanos criassem ou tivessem qualquer tipo de laço na nova terra. O ritmo de trabalho no campo e no engenho era assentado no total desrespeito à condição humana do africano: para o senhor de escravos, a morte de um escravizado não era nenhuma tragédia, pois ele poderia ser reposto rapidamente.

Figura 6.4 – *Moinho de açúcar*, de Johann Moritz Rugendas

RUGENDAS, J. M. **Moinho de açúcar.** 1835. Gravura: p&b.

Um dos grandes mitos da história brasileira se refere à suposta existência de uma escravidão em que os africanos e descendentes de europeus souberam coexistir em harmonia com os senhores de escravos, evitando excessos em seus maus-tratos. A instituição escravocrata só mantinha sua suposta harmonia com base em ameaças e intimidações. A exposição pública do africano torturado (uma das funções do Pelourinho) servia para demonstrar o que poderia ocorrer com qualquer pessoa que se atrevesse a contestar as regras da instituição escravocrata.

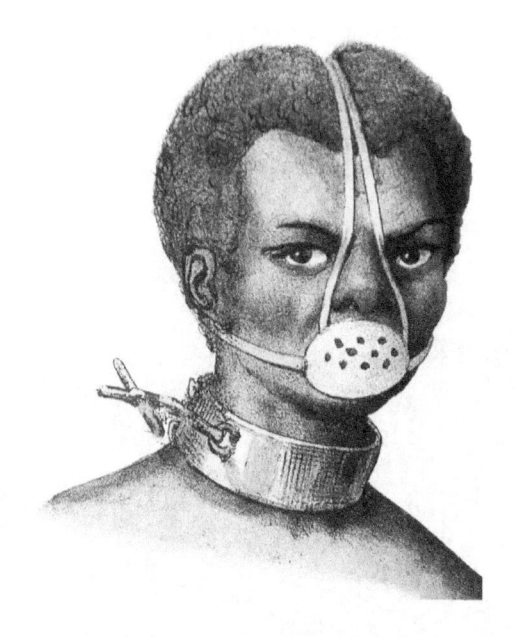

Figura 6.5 – *Castigo de escravo*, de Jacques-Étienne Arago

ARAGO, J. E. **Castigo de escravo**. 1839. Museu Afro Brasil, São Paulo.

Segundo Schwarcz e Starling (2015, p. 91),

Havia inclusive manuais – verdadeiros modelos de aplicação de sevícias pedagógicas, punitivas e exemplares – que instruíam, didaticamente, os fazendeiros sobre como submeter os escravizados e transformá-los em trabalhadores obedientes. Um exemplo regular era o famoso quebra-negro, castigo muito utilizado no Brasil para educar escravos novos ou recém-adquiridos e que, por meio da chibatada pública e outras sevícias, ensinava os cativos a sempre olhar para o chão na presença de qualquer autoridade.

A existência de tal instituição significa na prática que a maioria dos habitantes da Colônia não era considerada como pessoas, mas sim mercadorias, possíveis de serem vendidas, trocadas e violentadas de todas as formas imagináveis. No caso dos homens, o açoite e a tortura. No caso das mulheres, o estupro – sem contar o impedimento de união, a formação de uma família entre escravizados.

Por outro lado, devemos ter em mente que os africanos não foram agentes passivos em sua condição de escravizados. A imagem estereotipada do africano sujeito a muitas humilhações, mas incapaz de revidar e combater tal situação é uma invenção ideológica que ignora completamente a luta dos negros: os quilombos, as fugas, os assassinatos dos senhores e feitores e os motins. Os africanos resistiram também de outra forma: mantiveram sua cultura viva, mesmo com toda a violência e ameaça que isso representava no período colonial.

O principal intelectual e um dos mais entusiasmados em tornar o Brasil um país moderno foi Joaquim Nabuco (1849-1910). Com razão, ele é retratado como o principal teórico que explorava as diversas razões para o país deixar de ser escravocrata e caminhar para o desenvolvimento industrial. Seu livro *O abolicionismo* (1883) ainda é considerado um clássico da historiografia brasileira. A tese do autor é de que, enquanto a sociedade brasileira fosse escravocrata, os imigrantes evitariam escolher as terras brasileiras para trabalhar, e a indústria e o comércio nunca se desenvolveriam (pois, para criá-los, seria necessária a iniciativa do capitalista e do trabalhador livre). Em suas palavras:

A escravidão e indústria são termos que se excluíram sempre, como escravidão e colonização. O espírito da primeira, espalhando-se por um país, mata cada uma das faculdades humanas, de que provém a indústria: a iniciativa, a invenção, a energia industrial; e cada um dos elementos de que ela precisa: a associação dos capitais, a abundância de trabalho, a educação técnica dos operários, a confiança do trabalho. (Nabuco, 2010, p. 83)

O resultado dessa sociedade desigual era o de que uma profissão teria destaque como o principal desejo para a classe dominante: a de funcionário público (Nabuco, 2010).

Para Nabuco, era necessário que se pensasse no futuro da nação e desenvolvesse uma instituição que havia sido relegada ao esquecimento: a escola. Como afirma o autor: "[...] a escravidão por instinto procedeu repelindo a escola, a instrução pública e mantendo o país na ignorância e escuridão, que é o meio em que ela pode prosperar" (Nabuco, 2010, p. 93). A receita para impedir que a desmoralização da escravidão continuasse era a abolição.

Depois que os últimos escravos houvessem sido arrancados ao poder sinistro que representa para a raça negra a maldição da cor, será ainda preciso desbastar, por meio de uma educação viril e séria, a lenta estratificação de trezentos anos de cativeiro, isto é, de despotismo, superstição e ignorância.
(Nabuco, 2010, p. 38)

Em 1888 ocorreu a abolição. Libertos, os africanos e seus descendentes foram deixados de lado, marginalizados da sociedade que haviam ajudado a criar e enriquecer.

Cabe, entretanto, fazermos uma ressalva: não devemos ter uma visão apenas negativa da sociedade brasileira nesse momento de transição. O país estava inserido em um mundo globalizado e, em muitos aspectos, não se diferenciava dos Estados Unidos do século XIX (onde a escravidão no Sul era aceita) e inclusive da Europa (onde a monarquia era compreendia pelos britânicos como o melhor sistema político, pela sua suposta legitimidade e estabilidade). Conceitos modernos como *liberdade de expressão* (ou qualquer tipo de liberdade) em terras escravocratas parece uma contradição, mas por um breve período havia, ao menos no papel, a tentativa de implementá-la durante o Segundo Reinado (1840-1889). Desde 1850 era permitido criticar abertamente Dom Pedro II na imprensa (carioca, especialmente), e várias revistas e jornais se especializaram nisso, como *Revista Ilustrada* e *O Mosquito*. Parece uma ironia que, no mesmo país em que era possível comprar uma pessoa, também era respeitada a opinião e o livre pensamento de seus cidadãos (desde que fossem brancos). Além disso, nas eleições de 1870, 10% da população brasileira votou (Caldeira, 2015) – uma porcentagem alta até mesmo para os padrões do início do século XX em países desenvolvidos, ainda que para os padrões atuais seja muito baixa.

Figura 6.6 – A liberdade de expressão vigorou no Brasil a partir de 1850

(a) REVISTA Illustrada. Rio de Janeiro, 1880, n. 229, ano 5. Ilustrador: Angelo Agostini.

(b) REVISTA Illustrada. Rio de Janeiro, 1887, n. 450, ano 12. Ilustrador: Angelo Agostini.

Entretanto, se por um lado havia eleições (ainda que muitas vezes fraudadas) e liberdade de expressão na imprensa, por outro havia um alto índice de analfabetismo. Em 1872, apenas 16% da população sabia ler e escrever, ou seja, 84% dos brasileiros eram analfabetos. Entre os africanos escravizados que aqui residiam, esse total chegava a 99,9%. Os jovens (brancos) abastados procuravam a educação superior em terras internacionais, especialmente em Coimbra, Portugal – voltavam de lá *doutores*, título que representava sua condição social de privilegiados. Os menos abastados, mas ainda ricos para os padrões da época, poderiam escolher a faculdade de Direito de São Paulo ou Recife (Schwarcz; Starling, 2015, p. 280).

Como explicamos, o Brasil não estava isolado (mas sim dentro de um quadro de formação da globalização), muito menos ignorava o que se passava no continente europeu – principal centro de referência da elite brasileira em termos culturais e de comportamento. A Revolução Americana (1775-1783) e a Revolução Francesa (1789-1799) tiveram um impacto no Brasil, ainda que restrito a poucas regiões, como Minas Gerais e Bahia. Não é mera coincidência que a Inconfidência Mineira tenha sido contida em 1789 e a Conjuração dos Alfaiates tenha se iniciado em 1798. Ambas fazem parte de um processo de tomada de consciência de ideias revolucionárias americanas e francesas, tendo os valores da razão e do Iluminismo como referência de ação.

A Inconfidência, por exemplo, estava mais para uma revolução do que uma simples revolta, pois pretendia estabelecer uma república em Minas Gerais, aniquilando o antigo sistema de monopólios de Portugal. Seu principal objetivo era a liberdade econômica da Colônia, acabando com os impostos impopulares (o quinto) associados à exploração do ouro e diamantes na região, mas deixava os privilégios aristocráticos locais intactos – como a escravidão dos povos africanos.

Entre suas lideranças estava a elite de Minas Gerais, descontente com a derrama (forma de cobrança de impostos) e influenciados pelos revolucionários estadunidenses. Fracassaram. Entretanto, a organização da revolução expôs a incorporação de conceitos (como *revolução* e *liberdade*) estranhos à dominação de Portugal sobre o Brasil. Segundo Lopez e Mota (2015, p. 251): "Do ponto de vista econômico e institucional, o sistema metrópole-colônia já não funcionava, dados o peso da carga tributária e o custo e a desatualização da máquina administrativa e jurídico-política".

No caso baiano, a Conjuração teve um aspecto social mais relevante para a compreensão da chegada de ideias revolucionárias no Brasil: a revolução presenciou tanto a participação de pessoas mais humildes (mulatos) quanto dos mais ricos. Contou ainda com a produção de uma série de panfletos (típico gênero textual associado a revoltas e revoluções), em que eram expostas as ideias contrárias à autoridade portuguesa.

O alvo dos panfletos, curtos, rudes, de estilo tosco e afiados, era o "povo" da Bahia [...]. Apresentar o povo como fonte de soberania da República, em plena América portuguesa, constituía uma ousadia em tanto. E indicava, antes de mais nada, a fortíssima influência que os conjurados baianos receberam das "francesias" – o nome como eram insistentemente enunciados pelas autoridades do Império os abomináveis e destrutivos princípios de liberdade originários dos acontecimentos da Revolução Francesa e, em particular, do governo jacobino de Paris. (Schwarcz; Starling, 2015, p. 148)

Não há consenso entre historiadores, mas há elementos que indicam o desejo dos revolucionários baianos de banir de suas terras a instituição escravocrata. Assim como seus similares mineiros, os revolucionários baianos foram presos antes de iniciarem seus trabalhos, deixando-nos sem saber se suas palavras teriam sido seguidas por ações efetivas.

Nesse contexto histórico, o Brasil se assemelha a um pêndulo entre o atraso (representado pela dominação de Portugal) e o avanço (representado pelos ideais estadunidenses e franceses), **com o atraso sempre em vantagem**. Essa oscilação entre atraso e avanço existiu em outras sociedades americanas, mas na brasileira houve um processo de longa duração: o país foi o último a abolir a escravidão (1888) e a assumir a república como forma de organizar a divisão de poderes (1889).

Síntese

Neste capítulo, tratamos da modernidade, que pode ser compreendida de diversas maneiras: pela ascensão das relações capitalistas; pela aceleração do tempo; pela revolução social e, por fim, por um caráter de inevitabilidade. Reconhecido como o primeiro pensador ou filósofo moderno, Descartes compreendeu que a dúvida era o primeiro passo para acessar o conhecimento, o que seria um contraponto ao pensamento dogmático da religião cristã. Do ponto de vista social, a grande transformação ocorreu em 1789, quando os franceses iniciaram sua revolução. O Brasil, mesmo afastado geograficamente da Europa, foi influenciado pelos valores revolucionários, mas sua elite nunca questionou a instituição da escravidão.

Indicações culturais

Livro

HOBSBAWM, E. **A era das revoluções**. 35. ed. Tradução de Maria Teresa Lopes Teixeira e Marcos Penche. São Paulo: Paz e Terra, 2015.

Nessa obra, Hobsbawm analisa as principais mudanças pelas quais a sociedade europeia passou, da Revolução Industrial à Francesa.

É leitura obrigatória a todos os interessados em uma visão mais ampla da história desse período.

Atividades de autoavaliação

1. O conceito de *modernidade* pode ser compreendido e analisado de muitas maneiras. Assinale a alternativa que melhor define esse conceito:
   a) Transformação social que ocorreu no continente asiático, onde houve uma revolução científica e econômica.
   b) Transformação ocorrida no continente europeu, associada, do ponto de vista político, à ideia de revolução social; e, no campo filosófico, à importância da dúvida.
   c) Processo ocorrido no continente europeu, pois está vinculado à revolução religiosa proposta pela Igreja Católica e ao avanço de ideias comunistas.
   d) Processo iniciado no continente americano, em especial com a Revolução Americana, que demarcou o início do Renascimento.
   e) Tem relação com o continente africano e sua luta contra a instituição da escravidão, estabelecendo assim a igualdade entre todos os homens.

2. É possível compreender a europeização do mundo como:
   a) a negação dos valores da Revolução Francesa pela elite aristocrática da Inglaterra e Alemanha.
   b) a tentativa de Napoleão de expandir os valores e os ideais da Revolução Francesa a todos os países da Europa.
   c) a expansão de valores e ideais europeus, aceitos ou impostos como os únicos valores para o resto do mundo.

Ricardo Selke e Natália Bellos

d) o isolamento dos europeus do resto mundo no início da modernidade.

e) a busca, por parte dos europeus, por novas terras no continente africano, impondo lá seus valores.

3. Sobre o pensamento de Descartes e Rousseau, assinale a alternativa correta:

    a) Para Descartes, duvidar era o passo inicial para o conhecimento. Rousseau desnaturalizou a desigualdade entre os homens de seu tempo.

    b) Para Descartes, o homem nunca teria acesso ao conhecimento verdadeiro, dada a impossibilidade de conhecer a mente de Deus. Rousseau afirmava que o homem era naturalmente bom.

    c) Para Descartes, os dogmas religiosos deveriam ser aceitos plenamente, pois a dúvida era uma heresia. Rousseau via na igreja um impedimento à mudança e à busca por uma sociedade mais justa.

    d) Para Descartes, não havia necessidade de um método para chegar ao conhecimento científico. Rousseau buscou unir os dogmas religiosos aos preceitos humanistas.

    e) Para Descartes, a religião era o ópio do povo. Rousseau a via como uma necessidade para manter a ordem e união entre classes sociais diferentes.

4. Sobre a Revolução Francesa, assinale a alternativa correta:

    a) Assemelha-se a uma revolta camponesa, não tendo modificado em nada a realidade europeia do século XVIII.

    b) Seu principal impacto foi econômico, pois tinha como liderança os grandes industriais franceses.

c) Ela foi uma reação dos luteranos franceses, interessados em ganhar a liberdade religiosa, assim como os colonos estadunidenses.

d) Seu impacto foi enorme na Europa do século XVIII, pois representou o início de uma nova forma de organização social, assentada nos direitos humanos inalienáveis.

e) Foi um movimento reacionário, buscando negar os valores do Renascimento na França.

5. Quais são as principais características do Brasil colonial e sua relação com os ideais da modernidade?

a) A sociedade brasileira, essencialmente agrária, estava em consonância com os ideais da modernidade, pois todos detinham os mesmos direitos reconhecidos por lei.

b) A sociedade brasileira, marcada pela industrialização e respeito aos direitos humanos, via nos valores revolucionários um perigo aos interesses da burguesia.

c) A sociedade brasileira, dada sua desigualdade e o predomínio da instituição da escravidão, não foi influenciada pelos valores da modernidade.

d) A sociedade brasileira, assentada no comércio de especiarias com o restante do mundo, viu nos ideais da modernidade a reafirmação dos valores cristãos.

e) A sociedade brasileira, agrária e assentada na escravidão de grande parte de sua população, foi regionalmente influenciada pelos ideais da modernidade, como em Minas Gerais e na Bahia.

Atividades de aprendizagem

Questões para reflexão

1. Como você analisa e compreende o conceito de *modernidade*?
2. É possível fazer uma revolução social sem a prática do terror revolucionário?
3. Como o Brasil está inserido atualmente na modernidade?

Atividade aplicada: prática

1. Crie um mapa conceitual deste capítulo, observando quais os principais conceitos apresentados e como eles se relacionam. Observe que, para criar um mapa conceitual, é necessário:

    a) identificar o conceito geral do capítulo;
    b) analisar a possível hierarquia entre os conceitos, do mais geral ao mais específico; e
    c) conectar os conceitos com linhas e palavras de ligação.

Considerações finais

Nossa intenção com esse material foi abarcar um período relativamente longo da história, enfatizando a Europa e suas transformações sociais e econômicas, sem deixar de lado, na medida do possível, aspectos religiosos, políticos e culturais. Foi um período de transição, que permitiu o estabelecimento de aspectos que hoje são comuns, como os direitos inalienáveis dos homens, o liberalismo econômico, a crença no indivíduo, a importância da dúvida para alcançar o conhecimento, a ideologia secular.

Também buscamos observar os acontecimentos de outras regiões do globo, como Ásia, África e América, quando possível. Afinal, nosso intuito não é promover uma história eurocêntrica, mas fomentar o diálogo entre os eventos analisados, a fim de apresentarmos uma visão abrangente das relações entre os diferentes atores sociais do período abordado. Entretanto, reconhecemos as limitações deste material e sabemos que histórias ricas, complexas e particulares – como as das populações africanas, apenas para citar um exemplo – não foram plenamente contempladas aqui. Por isso, este livro deve ser tomado como um ponto de partida para o aprofundamento de seus estudos, pois não encerra em si a discussão da qual participa.

Nosso intuito foi apresentar algumas das mais importantes obras, teorias e discussões sobre o tema, a fim de propiciar ou estimular seu próprio diálogo entre esses e outros autores de seu interesse. Por isso, enfatizamos a importância de consultar os livros recomendados e buscar novas fontes, a fim de aprimorar seu conhecimento sobre a Idade Moderna e sua permanência na Idade Contemporânea. Finalmente, esperamos também ter propiciado a ampliação de alguns conceitos e de algumas discussões históricas importantes, de forma a ajudá-lo a repensar ideias previamente concebidas sobre o período que analisamos neste livro.

Referências

ARENDT, H. **Origens do totalitarismo**: antissemitismo, imperialismo, totalitarismo. Tradução de Roberto Raposo. São Paulo: Companhia das Letras, 2014.

ARIÈS, P. Por uma história da vida privada. In: CHARTIER, R. (Org.). **História da vida privada**, 3: da Renascença ao século das luzes. Tradução de Hildegard Feist. São Paulo: Companhia das Letras, 2009.

BAKHTIN, M. **A cultura popular na Idade Média e no Renascimento**: o contexto de François Rabelais. São Paulo: Hucitec; Brasília: Ed. da UnB, 1987.

BIÉBER, A. **O humanismo social de Calvino**. São Paulo: Edições Oikoumene, 1970.

BOBBIO, N.; MATTEUCCI, N.; PASQUINO, G. **Dicionário de política**. 11. ed. Tradução de João Ferreira. Brasília: Editora da UnB, 1998. v. 1.

BOTTOMORE, T. (Ed.). **Dicionário do pensamento marxista**. Tradução de Waltensir Dutra. Rio de Janeiro: J. Zahar, 2001.

BRESCIANI, M. S. M. **Londres e Paris no século XIX**: o espetáculo da pobreza. São Paulo: Brasiliense, 1982. (Coleção Tudo é História).

BROWN, A. Feudalismo. In: LOYN, H. R. (Org.). **Dicionário da Idade Média**. Tradução de Álvaro Cabral. Rio de Janeiro: J. Zahar, 1997. p. 145-147.

BURKE, P. **A fabricação do rei**: a construção da imagem pública de Luis XIV. Tradução de Luiza Maria X. de A. Borges. Rio de Janeiro: J. Zahar, 1994.

BURKE, P. **O Renascimento**. Tradução de Rita Canas Mendes. Lisboa: Edições Texto & Grafia, 1997.

CALDEIRA, J. **Nem céu, nem inferno**. São Paulo: Três estrelas, 2015.

CAMINHA, P. V. de. **A carta do descobrimento ao rei D. Manuel**. São Paulo: Saraiva, 2013.

CASTAN, Y.; LEBRUN, F.; CHARTIER, R. Figuras da modernidade. In: CHARTIER, R. (Org.). **História da vida privada**, 3: da Renascença ao século das luzes. Tradução de Hildegard Feist. São Paulo: Companhia das Letras, 2009.

CHAUI, M. **Convite à filosofia**. São Paulo: Ática, 2000.

CHINA'S Ambitions in Xinjiang and Central Asia. **Stratfor**, 30 set. 2013. Worldview. Disponível em: <https://www.stratfor.com/article/chinas-ambitions-xinjiang-and-central-asia-part-1>. Acesso em: 12 jun. 2017.

DECLARAÇÃO dos direitos do homem e do cidadão. 1789. Biblioteca Virtual de Direitos Humanos da USP. Disponível em: <http://www.direitoshumanos.usp.br/index.php/Documentos-anteriores-%C3%A0-cria%C3%A7%C3%A3o-da-Sociedade-das-Na%C3%A7%C3%B5es-at%C3%A9-1919/declaracao-de-direitos-do-homem-e-do-cidadao-1789.html>. Acesso em: 24 maio 2017.

DELUMEAU, J. **A civilização do Renascimento**. Tradução de Manuel Ruas. Lisboa: Editorial Estampa, 1994.

DELUMEAU, J. **Nascimento e afirmação da Reforma**. Tradução de João Pedro Mendes. São Paulo: Pioneira, 1989. (Coleção Nova Clio).

DESCARTES, R. **Discurso do método**. Tradução de João Cruz Costa. São Paulo: Saraiva, 2011.

DEUTSCHER, I. **Trotski**, o profeta banido (1929-1940). Rio de Janeiro: Civilização Brasileira, 2006.

DONCEL, J. C. La Expansión de la Reforma em el siglo XVI. **Cuaderno de História y Geografía**. Disponível em: <http://jcdonceld.blogspot.com.br/search?q=reforma+protestante>. Acesso em: 22 maio 2017.

DUBY, G. A emergência do indivíduo: a solidão nos séculos XI-XIII. In: CHARTIER, R. (Org.). **História da vida privada**, 3: da Renascença ao século das luzes. Tradução de Hildegard Feist. São Paulo: Companhia das Letras, 2009.

ECO, U. **História da beleza**. 2. ed. Tradução de Eliana Aguiar. Rio de Janeiro: Record, 2010.

ELIAS, N. **O processo civilizador**. Tradução de Ruy Jungmann. Rio de Janeiro: J. Zahar, 1990.

FRANCO JÚNIOR, H. **A Idade Média**: nascimento do Ocidente. 2. ed. São Paulo: Brasiliense, 2001.

FRANCO JÚNIOR, H. **O feudalismo**. São Paulo: Brasiliense, 1986.

FRASER, A. **Oliver Cromwell**: uma vida. Tradução de Marco Arão Reis. Rio de Janeiro: Record, 2000.

FREYRE, G. **Casa grande & Senzala**. São Paulo: Global, 2009.

GIBBON, E. **Os cristãos e a queda de Roma**. Tradução de José Paulo Paes e Donaldson M. Garschagen. São Paulo: Companhia das Letras, 2012.

GINZBURG, C. **O queijo e os vermes**: o cotidiano e as ideias de um moleiro perseguido pela Inquisição. Tradução de Maria Betânia Amoroso. São Paulo: Companhia das Letras, 2006.

GOUGH, J. W. Introdução. In: LOCKE, J. **Segundo tratado sobre o governo civil**. Tradução de Magda Lopes e Marisa Lobo da Costa. Petrópolis: Vozes. p. 4-20. Disponível em: <http://www.xr.pro.br/IF/LOCKE-Segundo_tratado_Sobre_O_Governo.pdf>. Acesso em: 24 maio 2017.

HANCOCK, J. **Declaração de Independência dos Estados Unidos da América**. 1776. Disponível em: <http://www.uel.br/pessoal/jneto/gradua/historia/recdida/declaraindepeEUAHISJNeto.pdf>. Acesso em: 24 maio 2017.

HESPANHA, A. M. A mobilidade social na sociedade de Antigo Regime. **Tempo**, Rio de Janeiro, n. 21, p. 121-143, 2006. Disponível em: <http://www.historia.uff.br/tempo/artigos_livres/v11n21a09.pdf>. Acesso em: 18 maio 2017.

HILL, C. **A revolução inglesa de 1640**. Portugal: Editorial Presença, 1981.

HILL, C. **O mundo de ponta-cabeça**: ideias radicais durante a revolução inglesa de 1640. Tradução de Renato J. Ribeiro. São Paulo: Companhia das Letras, 1987.

HOBSBAWM, E. **A era das revoluções**: 1789-1848. 10. ed. Tradução de Maria Teresa Lopes Teixeira e Marcos Penche. Rio de Janeiro: Paz e Terra, 1997.

HOBSBAWM, E. **A era das revoluções**: 1789-1848. 35. ed. Tradução de Maria Teresa Lopes Teixeira e Marcos Penche. São Paulo: Paz e Terra, 2015.

HOUAISS, A.; VILLAR, M. de S. **Dicionário eletrônico Houaiss da língua portuguesa**. versão 3.0. Rio de Janeiro: Instituto Antônio Houaiss; Objetiva, 2009.

KOSELLECK, R. O futuro passado dos tempos modernos. In: KOSELLECK, R. **Futuro passado**: contribuição à semântica dos tempos históricos. Tradução de Wilma Patrícia Mass e Carlos Almeida Pereira. Rio de Janeiro: Contraponto, Ed. da PUCRio, 2006. p. 21-39.

LE GOFF, J. **As raízes medievais da Europa**. Tradução de Jaime A. Clasen. Rio de Janeiro: Vozes, 2007.

LÉRY. J. de. **Viagem à terra do Brasil**. Tradução de Sérgio Milliet. Biblioteca do Exército, 1961. Disponível em: <https://docs.google.com/file/d/0ByMRQ3bAxEvTZ1lmYmlXUHlUd2s/edit>. Acesso em: 15 maio 2017.

LIPOVETSKY, G.; SERROY, J. **A estetização do mundo**: viver na era do capitalismo artista. Tradução de Eduardo Brandão. São Paulo: Companhia das Letras, 2015.

LOCKE, J. **Segundo tratado sobre o governo civil**. Tradução de Magda Lopes e Marisa Lobo da Costa. Petrópolis: Vozes. Disponível em: <http://www.xr.pro.br/IF/LOCKE-Segundo_tratado_Sobre_O_Governo.pdf>. Acesso em: 24 maio 2017.

LOPEZ, A.; MOTA, C. G. **História do Brasil**: uma interpretação. São Paulo: Editora 34, 2015.

MAQUIAVEL, N. **O príncipe**. Tradução de Maurício Santana Dias. São Paulo: Companhia das Letras, 2010.

MARIUTTI, E. B. **A transição do feudalismo ao capitalismo**: um balanço do debate. 200 f. Dissertação (Mestrado em Economia) – Universidade Estadual de Campinas, Campinas, SP, 2000. Disponível em: <http://www.academia.edu/2360458/A_transi%C3%A7%C3%A3o_do_feudalismo_ao_capitalismo_um_balan%C3%A7o_do_debate>. Acesso em: 12 maio 2017.

MARR, A. **Uma história do mundo**. Tradução de Berilo Vargas. Rio de Janeiro: Intrínseca, 2015.

MARTIN, T. R. **Roma Antiga**: de Rômulo a Justiniano. Tradução de Iuri Abreu. Porto Alegre: L&PM, 2014.

MARTINS, C. E.; MONTEIRO, J. P. (Cons.). Vida e obra. In: LOCKE, J. **Ensaio acerca do entendimento humano.** Tradução de Anoar Aiex. São Paulo: Nova Cultural, 1999. p. 5-17. (Coleção Os Pensadores).

MARX, K. **A ideologia alemã.** Tradução de Rubens Enderle, Nélio Schneider, Luciano Cavini Martorano. São Paulo: Boitempo, 2007.

MARX, K; ENGELS, F. **Manifesto comunista.** 1999. Disponível em: <http://www.ebooksbrasil.org/adobeebook/manifestocomunista.pdf>. Acesso em: 17 maio 2017.

MARX, K; ENGELS, F. **O manifesto comunista.** Tradução de Rubens Enderle, Nélio Schneider e Luciano Cavini Martorano. Porto Alegre: L&PM, 2006.

MICELI, P. **História moderna.** São Paulo: Contexto, 2013.

MILLER, J. The Long-term Consequences of the English Revolution: Economic and Social Development. In: BRADDICK, M. (Ed.). **The Oxford Handbook of the English Revolution.** United Kingdom: Oxford University Press, 2015.

MONTAIGNE, M. **Os ensaios.** Tradução de Rosa Freire d'Aguiar. São Paulo: Companhia das Letras, 2010.

MORE, T. **Utopia.** Tradução de Anah de Melo Franco. Brasília: Ed. da UnB: Instituto de Pesquisa de Relações Internacionais, 2004.

NABUCO, J. **Essencial.** São Paulo: Companhia das Letras, 2010.

O'ROURKE, P. J. **A riqueza das nações de Adam Smith:** uma biografia. Tradução de Roberto Franco Valente. Rio de Janeiro: J. Zahar, 2008.

PARAIN, C. Evolução do sistema feudal europeu. In: SANTIAGO, T. (Org.). **Do feudalismo ao capitalismo:** uma discussão histórica. São Paulo: Contexto, 2010. (Coleção Textos e Documentos, v. 2). p. 20-36.

PERNAMBUCO (Estado). Secretaria de Educação. Concurso Professor autor. Materiais. História. História 2º ano Médio. **A África Atlântica**. 2015. Disponível em: <http://www1. educacao.pe.gov.br/cpar/>. Acesso em: 12 jun. 2017.

RAMOS, F. P. **No tempo das especiarias**: o império da pimenta e do açúcar. 3. ed. São Paulo: Contexto, 2010.

RIBEIRO, R. J. Apresentação. In: HILL, C. **O mundo de ponta-cabeça**: ideias radicais durante a revolução inglesa de 1640. São Paulo: Companhia das Letras, 1987. p. 11-22.

RUSCONI, G. E. Capitalismo. In: BOBBIO, N.; MATTEUCCI, N.; PASQUINO, G. **Dicionário de política**. 11. ed. Tradução de Carmen C. Varriale, Gaetano Lo Mônaco, João Ferreira, Luís Guerreiro Pinto Cacais e Renzo Dini. Brasília: Ed. da UnB, 1998. v. 1. p. 141-148.

SCHEDEL, H. **Liber Chronicarum**. Nuremberg: Anton Koberger, 1493. Disponível em: <https://cudl.lib.cam.ac.uk/view/PR-INC-00000-A-00007-00002-00888/69>. Acesso em: 9 jun. 2017.

SCHWARCZ, L.; STARLING, H. **Brasil**: uma biografia. São Paulo: Companhia das Letras, 2015.

SILVA, A. da C. e. **A África explicada aos meus filhos**. Rio de Janeiro: Agir, 2008.

SILVA, A. da C. e. **Um rio chamado Atlântico**: a África no Brasil e o Brasil na África. Rio de Janeiro: Nova Fronteira, 2003.

SILVA, K. V.; SILVA, M. H. **Dicionário de conceitos históricos**. 3. ed. São Paulo: Contexto, 2010.

SKINNER, Q. **As fundações do pensamento político**. Tradução de Renato Janine Ribeiro e Laura Teixeira Motta. São Paulo: Companhia das Letras, 2009.

SMITH, A. **A riqueza das nações**: investigação sobre sua natureza e suas causas. Tradução de Luiz João Baraúna. São Paulo: Nova Cultural, 1996. v. I e II.

THE LIBRAY OG CONGRESS. **The Colonial Period. O período colonial**. Disponível em: <http://international.loc.gov/intldl/brhtml/br-1/br-1-3.html>. Acesso em: 9 jun. 2017.

THE TRANS-ATLANTIC SLAVE TRADE DATABASE VOYAGES. Análise do tráfico de escravos. Mapas introdutórios. **Mapa 9:** Volume e direção do tráfico de escravos transatlântico, de todas as regiões africanas a todas as regiões americanas. Disponível em: <http://www.slavevoyages.org/assessment/intro-maps>. Acesso em: 12 jun. 2017.

TRAGTENBERG, M. Apresentação. In: **Max Weber:** textos selecionados. São Paulo: Nova Cultural, 1997. p. 5-15. (Coleção Os Economistas).

TOLSTÓI, L. **Guerra e Paz**. Tradução de Rubens Figueiredo. São Paulo: C. Naify, 2011.

VILAR, P. A transição do feudalismo ao capitalismo. In: SANTIAGO, T. (Org.). **Do feudalismo ao capitalismo:** uma discussão histórica. São Paulo: Contexto, 2010. p. 37-49. (Coleção Textos e Documentos, v. 2).

WALDMAN, M.; SERRANO, C. **Memória d'África:** a temática africana em sala de aula. São Paulo: Cortez, 2007.

WEBER, M. **A ética protestante e o "espírito" do capitalismo**. Tradução de José Marcos Mariani de Macedo. São Paulo: Companhia das Letras, 2004.

WEBER, M. **A ética protestante e o "espírito" do capitalismo**. São Paulo: Companhia das Letras, 2005.

WEBER, M. **A gênese do capitalismo moderno**. Tradução de Rainer Domschke. São Paulo: Ática, 2006. (Coleção Ensaios Comentados).

Bibliografia comentada

FRANCO JÚNIOR, H. **A Idade Média**: nascimento do Ocidente. 2. ed. São Paulo: Brasiliense, 2001.

Franco Júnior é uma das referências nacionais sobre Idade Média e feudalismo. Ainda que outras obras desse autor pudessem ser aqui indicadas, *A Idade Média: nascimento do Ocidente* foi a escolhida porque faz um apanhado rico e variado sobre o período que vai do século IV ao século XVI, explicando como aspectos econômicos e políticos, mas também culturais, sociais e até mentais foram alterados no contexto feudal europeu. O livro é bastante acessível e nos permite entender por que, aos olhos do autor, esse momento da história aponta as bases da civilização ocidental cristã.

LE GOFF, J. **Para uma outra Idade Média**: tempo, trabalho e cultura no Ocidente. 2. ed. Tradução de Thiago de Abreu e Lima Florêncio e Noéli Correia de Melo Sobrinho. Petrópolis: Vozes, 2013.

A Idade Média por um longo período foi retratada segundo o clichê de "Era das Trevas". Le Goff, acadêmico erudito, tem a intenção de expor uma visão mais abrangente do que foi esse período, analisando a Idade Média como uma formação da herança cultural greco-romana, bárbara e judaico-cristã. O livro dá ênfase aos valores culturais associados ao trabalho: tanto à valorização do trabalho quanto a seu total desprezo.

PINSKY, J.; PINSKY, B. (Org.). **História da cidadania**. São Paulo: Contexto, 2016.

Neste livro você encontrará uma análise do conceito de *cidadania* em diferentes momentos históricos e regiões. Dividido em cinco unidades, o livro se inicia com a "pré-história" da cidadania, abordando os povos hebreus, gregos, romanos, o surgimento do cristianismo e o Renascimento. A segunda unidade, "Alicerces da cidadania", observa a relação entre cidadania e as Revoluções Inglesa, Americana e Francesa. O Brasil também é retratado no livro, na unidade "Cidadania no Brasil". Há ênfase na história dos povos indígenas e dos quilombolas. É uma excelente leitura para quem tem interesse na formação de um tema central na modernidade: direitos humanos.

MICELI, P. **História moderna**. São Paulo: Contexto, 2013.

Este livro é aqui indicado por contemplar diversos assuntos tratados na obra que você acabou de ler. Paulo Miceli aborda a história moderna europeia a partir da formação dos Estados modernos, avançando sobre temas como o Renascimento, a figura do rei e o absolutismo, o humanismo, além de apontar caminhos futuros na história europeia. O texto é de fácil compreensão e pode ser usado para aprofundar seus conhecimentos ou como uma boa ferramenta de consulta.

Respostas

Capítulo 1

Atividades de autoavaliação
1. b
2. a
3. c
4. d
5. e

Atividades de aprendizagem

Questões para reflexão
1. Resposta pessoal.
2. Trabalhadores viviam sob péssimas condições e se misturavam aos desocupados e aos meliantes nas grandes cidades europeias no século XIX, em que a riqueza e a pobreza assumiam aspectos extremos. A elite ressentia-se que os menos afortunados agissem a fim de diminuir as discrepâncias econômicas e sociais vigentes. De fato, a população pobre e subempregada é muitas vezes encarada pela elite como uma ameaça a ser

contida, capaz de promover greves, revoltas ou revoluções a fim de conquistar seus direitos. Até hoje essa ideia permanece e muitos ainda acreditam que parte da população (sempre pobre e desfavorecida) precisa ser "controlada".

Atividade aplicada: prática
1. Resposta pessoal.

Capítulo 2
Atividades de autoavaliação
1. c
2. d
3. b
4. a
5. c

Atividades de aprendizagem

Questões para reflexão
1. Resposta pessoal.
2. Além do racismo cotidiano que as pessoas negras sofrem em países como Brasil, Estados Unidos e até mesmo África do Sul, temos a crença generalizada de que a África é um lugar primitivo, que nunca conheceu nenhuma civilização.
3. O Brasil foi até o final do século XIX um país majoritariamente formado por pessoas que nasceram na África ou que eram descendentes diretos de africanos. É natural que muitas tradições culturais desse continente façam parte de nosso cotidiano, como o batuque e algumas palavras (*samba, caçula*). Além disso,

os africanos tinham conhecimentos técnicos na agricultura e na metalurgia que foram importantes para o progresso econômico do país. O impacto é a manutenção de uma sociedade autoritária e desigual.

Capítulo 3

Atividades de autoavaliação
1. b
2. c
3. a
4. d
5. a

Atividades de aprendizagem

Questões para reflexão
1. Resposta pessoal.
2. Resposta pessoal.
3. Resposta pessoal.

Capítulo 4

Atividades de autoavaliação
1. d
2. a
3. a
4. c
5. b

Atividades de aprendizagem

Questões para reflexão

1. Preferimos destacar aqui a resposta fornecida por Peter Burke (1997, p. 16):

Se descrevermos o Renascimento em termos de púrpura e oiro, como um milagre cultural isolado, ou como o súbito emergir da modernidade, a minha resposta será "não". Os arquitetos do Renascimento produziram obras-primas, mas também os mestres maçons do período gótico o fizeram. A Itália do século XVI teve o seu Rafael, mas o Japão do século XVIII teve o seu Hokusai. Maquiavel foi um poderoso e original pensador, mas também o foi o historiador Ibn Khaldun, que viveu no norte de África durante o século XIV. Se, no entanto, o termo "Renascimento" for usado – sem prejuízo para os feitos da Idade Média, ou para os do mundo não europeu – para referir um importante conjunto de mudanças na cultura ocidental, então pode ser visto como um conceito organizador que ainda tem o seu uso.

2. Há uma grande crítica a obra de Weber, especialmente no determinismo em relacionar os países protestantes a um suposto desenvolvimento diferenciado do capitalismo. Alguns autores apontam que países católicos, como Itália e França, não enfrentaram dificuldades em se desenvolver no contexto capitalista do século XIX, por exemplo.

Atividade aplicada: prática

a. O seriado mostra como, por meio de leituras e de uma percepção particular, Giordano Bruno vislumbrava um universo muito maior do que se pensava. Misturando religião e pensamento científico, o seriado exprime a visão de Bruno a partir da questão: "O Deus que ele adorava era infinito, então, como a criação podia ser algo menor?". A explanação nos ajuda a entender como o cientificismo e a religiosidade andavam lado a lado durante o Renascimento, ora se aproximando, ora rechaçando um ao outro – pois, em outro momento, Bruno pede para que se rejeitem a fé, a autoridade e tudo o que se conhecia até então, buscando espaço para o novo.

b. A Igreja Católica não aceitou as ideias de Bruno ou sua intenção de propagá-las pela Europa. Tal como na Contrarreforma, a instituição assumiu uma posição de intransigência, exigindo de Bruno uma retratação. Como punição por suas ideias, contrárias aos dogmas religiosos, Bruno foi preso e morto na fogueira.

Capítulo 5
Atividades de autoavaliação
1. b
2. a
3. d
4. e
5. d

Atividades de aprendizagem
Questões para reflexão
1. O liberalismo político garante uma nova perspectiva política ao colocar o governo sob tutela do povo, o verdadeiro soberano. O liberalismo político deu poder à burguesia, em detrimento das camadas populares e minorias, que ficaram excluídas do processo político (lembremos, por exemplo, que mulheres tiveram de lutar por quase todo o século XIX para ter

validado seu direito ao voto). Também estabeleceu-se a ideia de que o povo podia se organizar contra o soberano, o que fez em diversos momentos após 1688.
2. Resposta pessoal.

Atividade aplicada: prática
1. Os dois personagens entram em conflito porque Cromwell é mais radical do que Fairfax e as ideias defendidas por ambos divergem, de forma que eles se afastam. Fairfax, por exemplo, não concorda com o julgamento ao rei, ao contrário de Cromwell. De fato, a postura mais radical deste o torna aos poucos a figura mais proeminente no período revolucionário inglês, a ponto de tornar-se Lorde Protetor, em 1653.

Capítulo 6
Atividades de autoavaliação
1. b
2. c
3. a
4. d
5. e

Atividades de aprendizagem

Questões para reflexão
1. Resposta pessoal.
2. Resposta pessoal.
3. Resposta pessoal.

Sobre os autores

Ricardo Selke é graduado em Ciências Sociais e mestre em História Cultural pela Universidade Federal de Santa Catarina (UFSC). Desde 2012 trabalha no mercado editorial, atuando como editor, coordenador editorial, assessor pedagógico, consultor comercial e autor aprovado no Programa Nacional do Livro Didático (PNLD). Atualmente é supervisor editorial na Editora Bom Jesus.

Natália Bellos é especialista em História da África e do negro no Brasil pela Universidade Cândido Mendes (Ucam), graduada em História pela Universidade Federal do Paraná (UFPR) e graduada em Comunicação Social, com habilitação em Jornalismo, pela Pontifícia Universidade Católica do Paraná (PUCPR). Atualmente, cursa Bacharelado em Artes Visuais na Universidade Estadual do Paraná (Unespar). Atua no mercado editorial desde 2008 como editora de materiais didáticos de História, com material aprovado pelo PNLD em 2014.

Os papéis utilizados neste livro, certificados por instituições ambientais competentes, são recicláveis, provenientes de fontes renováveis e, portanto, um meio **respons**ável e natural de informação e conhecimento.

FSC MISTO
Papel | Apoiando o manejo florestal responsável
FSC® C103535

Impressão: Reproset